真理的力量
THE POWER OF TRUTH
—— 纪念马克思诞辰200周年主题展览 ——
马克思的壮丽人生

本书编写组 编

中央编译出版社

图书在版编目（CIP）数据

马克思的壮丽人生——真理的力量：纪念马克思诞辰 200 周年主题展览 / 本书编写组编 .—北京：中央编译出版社，2019.3
ISBN 978-7-5117-3636-9

Ⅰ. ①马…
Ⅱ. ①本…
Ⅲ. ①马克思（Marx, Karl 1818–1883）– 生平事迹 – 画册
Ⅳ. ① A712-64

中国版本图书馆 CIP 数据核字（2018）第 245931 号

马克思的壮丽人生——真理的力量：纪念马克思诞辰 200 周年主题展览

出 版 人：	葛海彦
出版统筹：	贾宇琰
项目统筹：	张远航
责任编辑：	王　琳　　朱瑞雪　　景淑娥
编务统筹：	景淑娥
执行校对：	王　晶
责任印制：	尹　珺
出版发行：	中央编译出版社
地　　址：	北京西城区车公庄大街乙 5 号鸿儒大厦 B 座（100044）
电　　话：	（010）52612345（总编室）　（010）52612341（编辑室） （010）52612316（发行部）　（010）52612346（馆配部）
传　　真：	（010）66515838
经　　销：	全国新华书店
印　　刷：	廊坊市瀚源印刷有限公司
开　　本：	787 毫米 × 1092 毫米 1/16
字　　数：	200 千字
印　　张：	16
版　　次：	2019 年 3 月第 1 版
印　　次：	2019 年 3 月第 1 次印刷
定　　价：	258.00 元

网　　址：	www.cctphome.com　邮　箱：cctp@cctphome.com
新浪微博：	@ 中央编译出版社　微　信：中央编译出版社 (ID:cctphome)
淘宝店铺：	中央编译出版社直销店 (http://shop108367160.taobao.com) （010）55626985

本社常年法律顾问：北京市吴栾赵阎律师事务所律师　闫军　梁勤
凡有印装质量问题，本社负责调换，电话：（010）55626985

目录

前言

第一部分　伟大革命导师马克思的壮丽人生 …… 1

    第一篇　走向无产阶级革命道路 …… 3

    第二篇　《共产党宣言》与马克思主义的诞生 …… 23

    第三篇　划时代巨著《资本论》的创作 …… 67

    第四篇　国际工人协会的灵魂和领袖 …… 85

    第五篇　奋斗不息的最后十年 …… 119

    第六篇　光辉永存的高尚情操 …… 137

第二部分　马克思、恩格斯著作在中国的传播 …… 195

第三部分　新创作马克思主义题材美术作品 …… 221

结束语 …… 249

编者后记 …… 250

前　言

在世界文明进程中，马克思是最具有深远影响的思想家和革命家，他与恩格斯创立的马克思主义，是人类优秀思想文化的结晶，是工人阶级及其政党的指路明灯。马克思不仅为工人阶级创立了科学的世界观，还亲身投入工人阶级和劳动人民推翻旧世界、建立新世界的伟大斗争，始终站在国际共产主义运动的最前沿，为无产阶级革命和解放事业奉献了毕生的精力和智慧。

为纪念马克思诞辰200周年，中共中央宣传部、中共中央党史和文献研究院、中国文学艺术界联合会共同举办本次展览。我们希望，本展览有助于广大干部群众进一步了解马克思的革命实践、理论贡献和精神境界，了解马克思主义在中国传播、运用和丰富发展的光辉历程，不忘初心，牢记使命，更加自觉地高举中国特色社会主义伟大旗帜，深入学习和贯彻党的十九大与十九届二中、三中全会精神，在习近平新时代中国特色社会主义思想指引下，增强中国特色社会主义的道路自信、理论自信、制度自信、文化自信，为决胜全面建成小康社会、夺取新时代中国特色社会主义伟大胜利、实现中华民族伟大复兴的中国梦不懈奋斗。

马克思和恩格斯（雕塑） 吴为山

第一部分

伟大革命导师马克思的壮丽人生

马克思在青年时代就立志选择最能为人类服务的职业。在当时社会进步思想的启发下，他通过孜孜不倦的理论研究和深入社会实践，实现了向唯物主义和共产主义立场的转变。他将毕生精力投入到创立科学理论体系，推翻旧世界、建立新世界的伟大革命实践中。

第一篇

走向无产阶级革命道路

卡尔·马克思 1818 年 5 月 5 日出生于德国特里尔市，中学毕业后，进入波恩大学攻读法学。一年后转到柏林大学法律系学习。1841 年 4 月，获耶拿大学授予的哲学博士学位。1842—1843 年，任《莱茵报》编辑。1844 年 2 月创办《德法年鉴》，在该杂志上发表《论犹太人问题》和《〈黑格尔法哲学批判〉导言》，完成了从唯心主义向唯物主义、从革命民主主义向共产主义的转变。1844 年写作《1844 年经济学哲学手稿》，对哲学、经济学和未来共产主义社会的重大理论问题进行新的探索。

马克思的壮丽人生——真理的力量：纪念马克思诞辰 200 周年主题展览

一、童年和中学时代

01

02

01. 卡尔·马克思出生在德国古城特里尔市。特里尔市所在的莱茵地区，因受法国大革命影响，资本主义经济发展迅速，反封建专制的进步思想广为传播。
02. 马克思的出生地点——特里尔市布吕肯巷 664 号

03. 马克思的出生证，上面有他的父亲亨利希·马克思的签名。

马克思的壮丽人生——真理的力量：纪念马克思诞辰 200 周年主题展览

第一篇 走向无产阶级革命道路

04. **童年**（中国画）高莽
　　马克思的父亲亨利希·马克思，是一位受人尊敬的律师；母亲罕丽达·普雷斯堡，荷兰人，是一位普通的家庭妇女。马克思共有兄弟姐妹九人，马克思排行第三。他自幼聪明好学，善于思考，受到了良好的家庭教育。
05. 1830年10月至1835年9月，马克思在特里尔中学学习。
06. 马克思在思想上受到进步师长的积极影响。这是特里尔中学校长约翰·胡果·维滕己赫。
07. 特里尔中学数学和物理老师约翰·施泰宁格

05

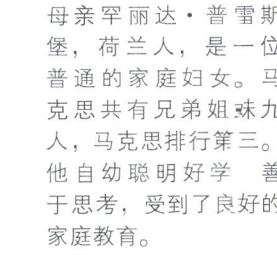

06　　　　　　　　07

马克思的壮丽人生——真理的力量：纪念马克思诞辰 200 周年主题展览

　　如果我们选择了最能为人类而工作的职业，那么，重担就不能把我们压倒，因为这是为大家作出的牺牲；那时我们所享受的就不是可怜的、有限的、自私的乐趣，我们的幸福将属于千百万人，我们的事业将悄然无声地存在下去，但是它会永远发挥作用，而面对我们的骨灰，高尚的人们将洒下热泪。

——马克思

08.1835 年 9 月，马克思中学毕业。他在中学毕业作文《青年在选择职业时的考虑》中表达了对人生道路的深邃思考和为人类服务的远大抱负。

09.王室考试委员会在马克思的中学毕业证书上写下评语："对待师长和同学态度良好"，"古代语言、德语和历史学习很勤勉"，"他的作文显得思想丰富，对事物有较深刻的理解"。

第一篇 走向无产阶级革命道路

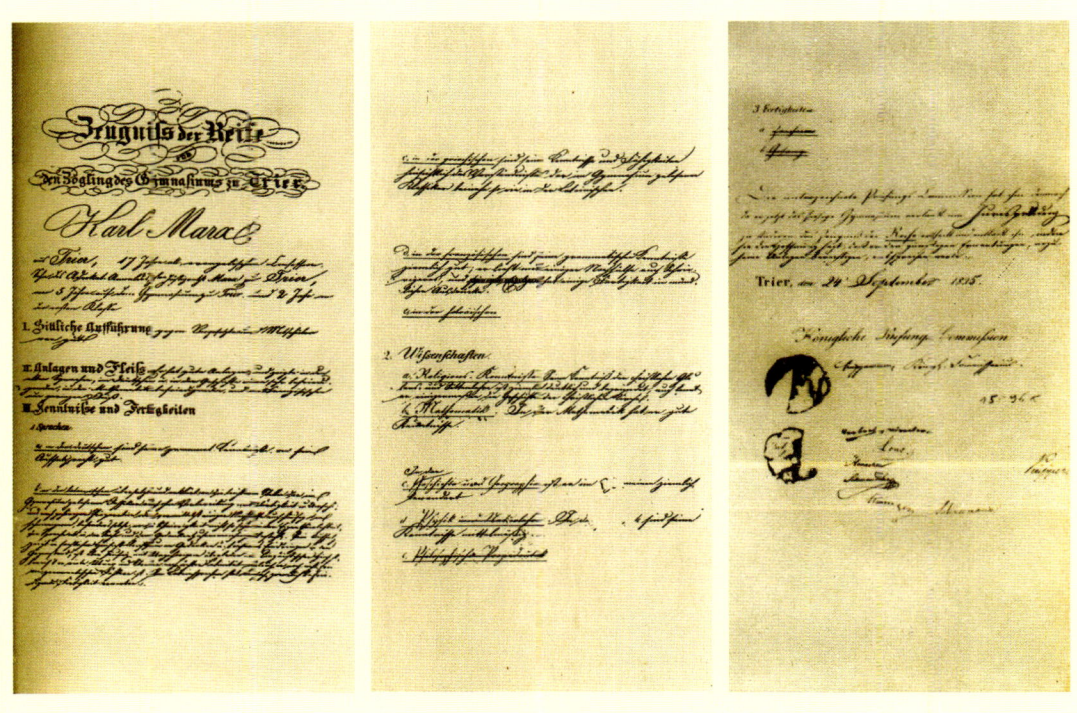

二、大学时代

10. 波恩大学,马克思1835年10月至1836年8月在此学习。
11. 马克思的波恩大学肄业证书,其中对马克思一些课程的评语有:"勤勉和用心","十分勤勉和用心"。
12. **刻苦学习**(素描)顾盼

    在艰苦的生活和斗争环境中,马克思始终坚持刻苦钻研,不顾一切地遍读博览,并逐渐形成了自己的研究原则,那就是:决不允许一知半解,而是要透彻深入地把握研究对象的每一个方面,直到把一切有关的内在联系弄清为止。

12

11

13. 马克思在施特拉劳住过的房子,他在柏林大学学习期间,因用功过度而损害了健康,1837年夏,他遵照医生建议来到柏林郊区的施特拉劳渔村休养。

14. **博士俱乐部里的年轻人**（水粉画） 杨克山

  在柏林的知识界中，有一个叫作"博士俱乐部"的青年学者团体，其中的成员都是有学问、有独立见解的青年黑格尔派分子。马克思休养期间研读了黑格尔的著作和他大部分弟子的著作，结识了青年黑格尔派并参加他们组织的博士俱乐部的活动。但在政治立场和哲学观点上，马克思同青年黑格尔派存在着重大分歧，种种分歧最终导致他与青年黑格尔派分道扬镳。

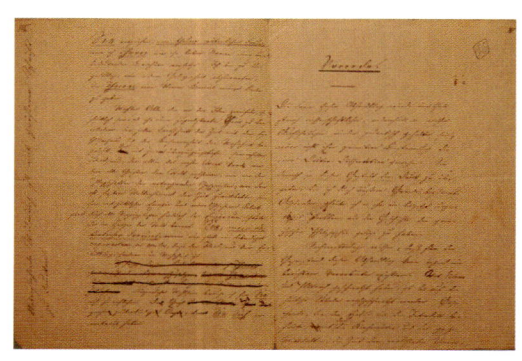

15. 马克思的博士论文。马克思从1839年初开始钻研古希腊哲学,写了大量笔记,并于1840年下半年动笔撰写博士论文《德谟克利特的自然哲学和伊壁鸠鲁的自然哲学的差别》。

16. **马克思写作博士论文(木刻) 许钦松**

马克思在博士论文中揭示了伊壁鸠鲁原子学说的积极意义和辩证法因素,并在序言中向宗教黑暗势力公开宣战,表现了战斗无神论的鲜明立场。他指出,所有证明神存在的理由,其实都是对神不存在的证明,因为"对神的存在的证明不外是对人的本质的自我意识存在的证明,对自我意识存在的逻辑说明"。

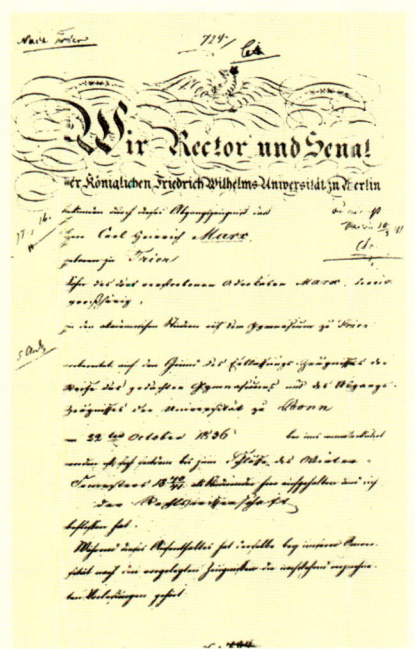

17

18

17. 马克思的柏林大学毕业证书
18. 马克思写给耶拿大学哲学系,请求审阅并通过博士论文的信。1841年春,马克思完成博士论文,把它寄给耶拿大学。主持鉴定工作的耶拿大学哲学系主任卡尔·弗里德里希·巴赫曼教授对这篇论文非常赞赏,认为作者"不仅有才智,有洞察力,而且知识广博"。
19. 1841年4月15日耶拿大学授予马克思的哲学博士学位证书

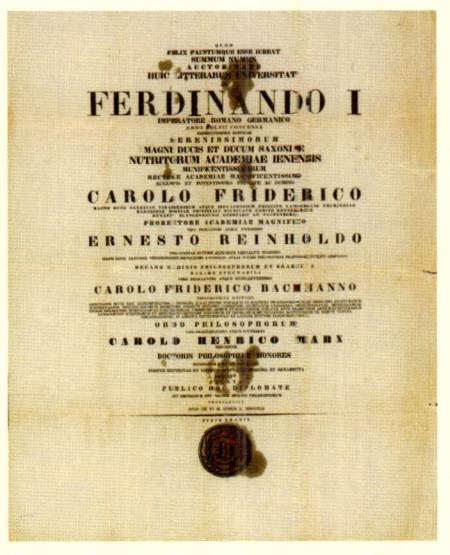

19

三、《莱茵报》时期

20. 24 岁的《莱茵报》主笔
（中国画） 赵绪成

1842 年 3 月，马克思开始为自由资产阶级反对派的报纸《莱茵报》撰稿；同年 10 月，担任该报编辑。他在《莱茵报》发表了一系列文章，猛烈抨击普鲁士专制制度，公开维护劳苦大众的利益。在马克思主持下，《莱茵报》越来越具有鲜明的革命民主主义色彩。

第一篇 走向无产阶级革命道路

21. 1842年初,马克思撰写了第一篇政论文章《评普鲁士最近的书报检查令》,批判普鲁士反动专制制度,明确表达了革命民主主义立场,并发表在《德国现代哲学和政论界轶文集》。图为该文集扉页。
22. 1842年10月,马克思在《莱茵报》上发表《关于林木盗窃法的辩论》,谴责莱茵省议会为维护林木占有者的利益而欺压贫苦人民的行径。

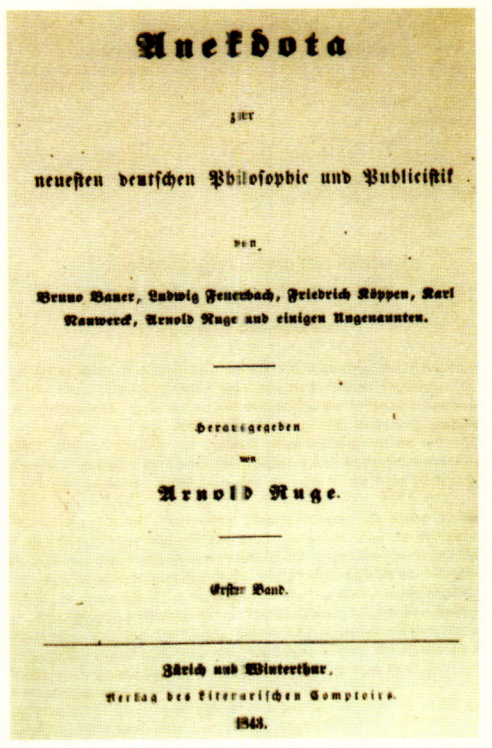

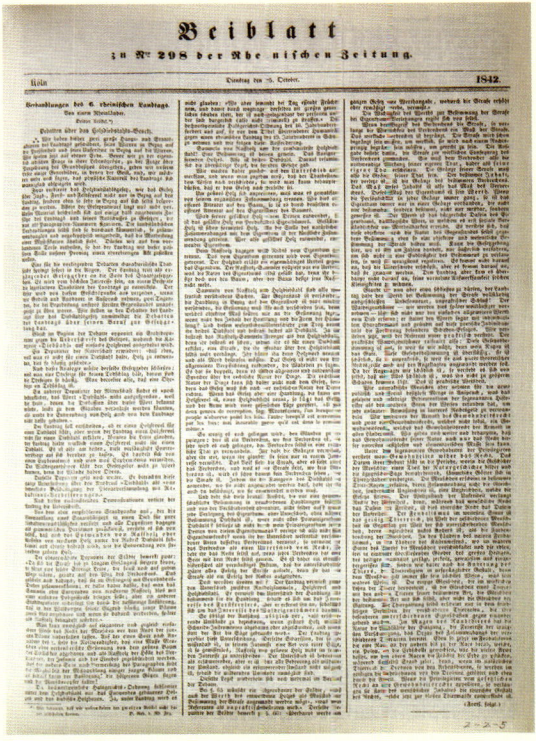

23. 1843年1月,马克思在《莱茵报》上发表《摩泽尔记者的辩护》,指出酿酒农民贫困的真正原因在于普鲁士君主制度本身。
24. 普鲁士当局把马克思主持编辑的《莱茵报》视为对现行制度的最大威胁,决定查封《莱茵报》,而报纸的出版人和一些股东也对报纸的思想倾向不满。鉴于这种情况,马克思发表辞职声明,明确指出,现行书报检查制度是他辞职的原因。图为马克思的辞职声明。

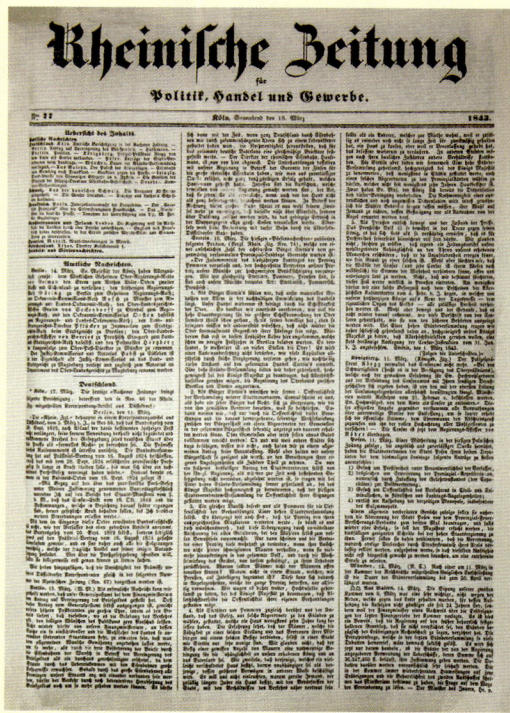
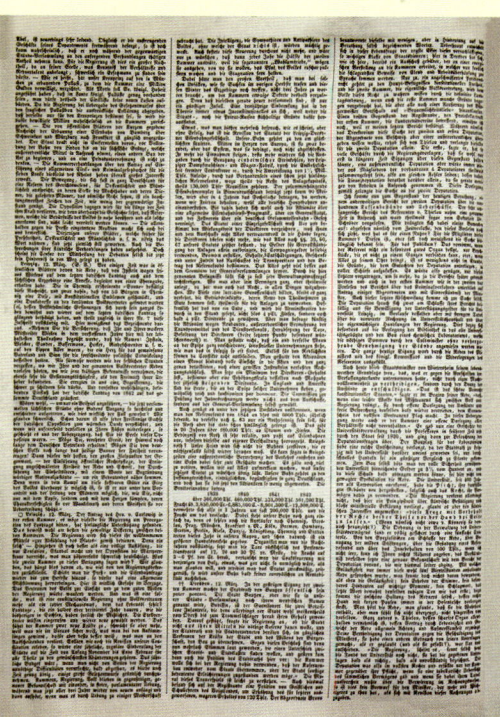

23

24

第一篇 走向无产阶级革命道路

25. 1843年3月,马克思被迫退出《莱茵报》编辑部,5月来到莱茵省的小镇克罗伊茨纳赫。6月19日,马克思和燕妮举行了婚礼,两人在这里度过了几个月的新婚生活。在克罗伊茨纳赫居住期间,马克思继续进行紧张的理论研究工作。他着手批判黑格尔关于国家和法的学说,研究了有关国家问题的理论和历史,作了大量摘录,写了五本笔记。在批判黑格尔唯心主义哲学的过程中,马克思从费尔巴哈的著作中得到很大启发。这是《克罗伊茨纳赫笔记》手稿。
26. 《黑格尔法哲学批判》手稿

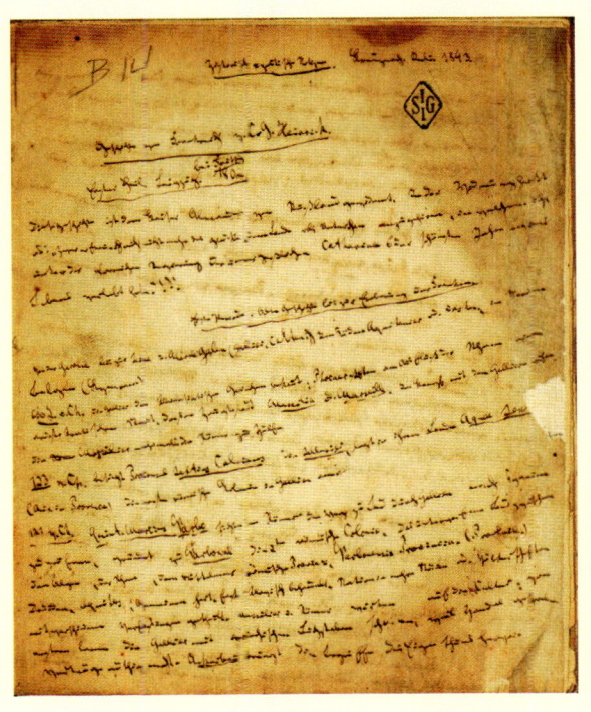

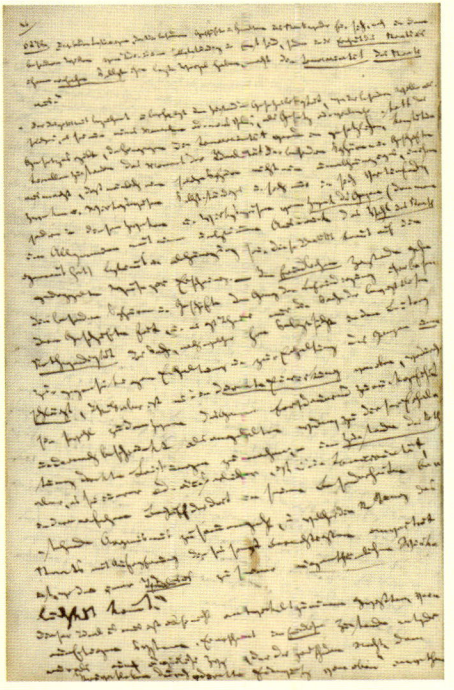

四、实现伟大的转变

27. **共赴巴黎**（石版画） 文国璋

马克思退出《莱茵报》编辑部后,普鲁士当局曾企图以官位收买他,但他不为所动。1843年10月,他与燕妮一起毅然离开德国前往巴黎,开辟新的斗争道路。

第一篇 走向无产阶级革命道路

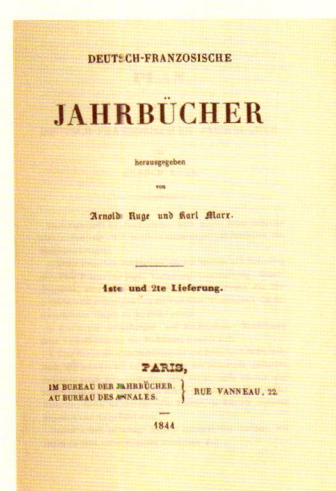

28. 《德法年鉴》是在巴黎出版的德文刊物，主编是马克思和卢格，仅在1844年2月出版过第1、2期合刊。
29. 1844年2月，马克思在《德法年鉴》上发表《论犹太人问题》和《〈黑格尔法哲学批判〉导言》两篇文章，这表明他已经完成从唯心主义向唯物主义、从革命民主主义向共产主义的转变。

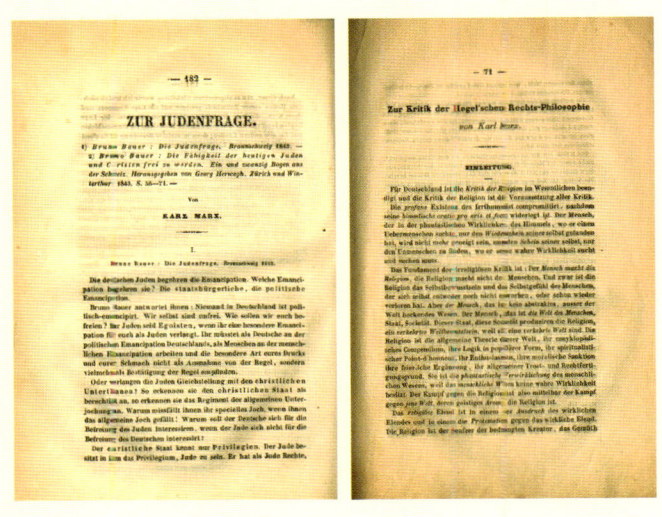

30. 《1844年经济学哲学手稿》中的一页，该手稿是1844年5—8月，马克思撰写的一部未完成的著作。这部著作反映了他对哲学、经济学和共产主义理论的许多新思考和新见解，是马克思主义形成阶段的一部重要著作。

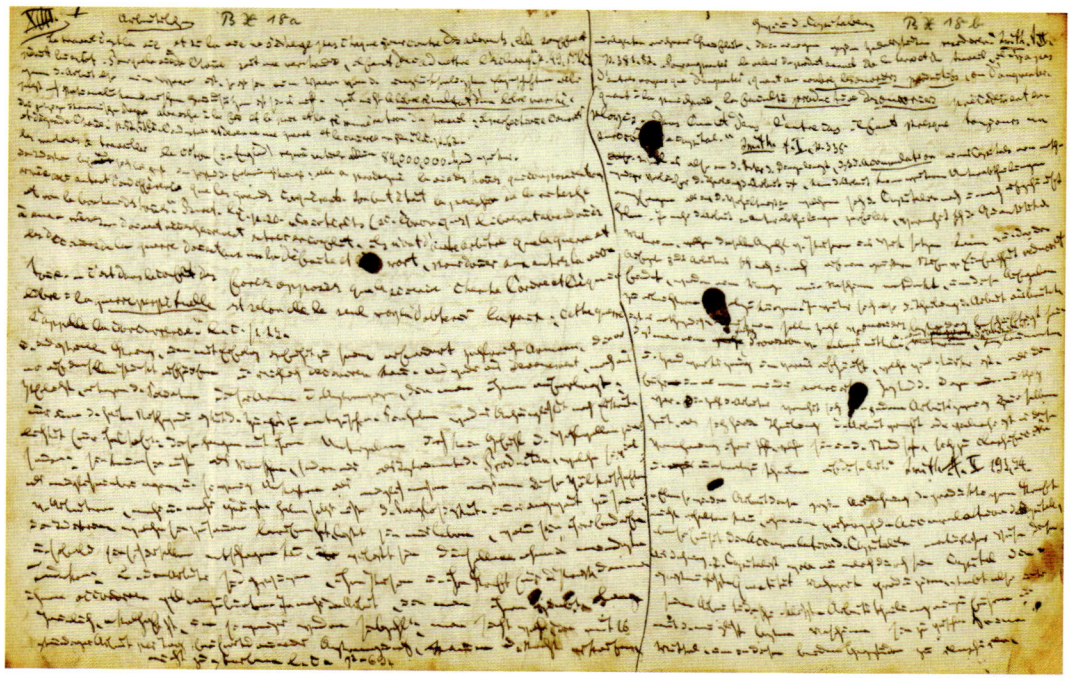

第二篇

《共产党宣言》与马克思主义的诞生

1844年8月底,马克思与恩格斯在巴黎会见,结下了伟大的友谊,从此并肩战斗终生。1845—1847年,马克思与恩格斯合写《德意志意识形态》,第一次较系统地阐述了唯物主义历史观。1847年马克思与恩格斯一起帮助正义者同盟改组为共产主义者同盟,建立第一个无产阶级政党,并受同盟委托起草党纲,即1848年2月发表的《共产党宣言》。《共产党宣言》的问世,标志着马克思主义的诞生,开启了国际共产主义运动的新纪元。1848—1849年欧洲资产阶级革命期间,马克思与恩格斯亲自返回德国参加革命,创办了《新莱茵报》。革命失败后,马克思被迫流亡伦敦。为总结1848年革命经验,马克思创办《新莱茵报。政治经济评论》杂志,写作《1848年至1850年的法兰西阶级斗争》《路易·波拿巴的雾月十八日》等。1851年起,马克思和恩格斯开始为《纽约每日论坛报》等报刊撰稿,分析评述各种重大国际问题,并阐述了中华民族必将迎来光明前途的深刻见解。

一、历史性的会见

31. 人间知己
（中国画）王为政
1844 年 8 月底，恩格斯来到巴黎，拜访了马克思。从 8 月底到 9 月初，两人朝夕相处，倾心交谈，在重大理论和实践问题上取得一致看法。不仅如此，他们还发现，在思想一致的基础上，两人还可以互相取长补短，彼此促进。马克思和恩格斯从此结成了为人类解放事业共同战斗的伟大友谊。

32. 雷让斯咖啡馆，1844年8月底，马克思和恩格斯在这里会语。
33. 马克思和恩格斯与巴黎社会主义者在一起，他们关心法国工人阶级状况，在巴黎考察了工人运动，参加了法国社会主义者和共产主义者的聚会。

二、撰写阐述新世界的著作

34. 《神圣家族》第1版扉页，马克思和恩格斯在巴黎会面期间着手合著《神圣家族》，批判了以布鲁诺·鲍威尔为代表的青年黑格尔派的唯心主义，初步阐述了唯物史观的一些重要思想，指出在历史发展进程中起决定作用的是物质生产而不是自我意识，强调"历史活动是群众的活动"，"无产阶级能够而且必须自己解放自己"。列宁认为这部著作"奠定了革命唯物主义的社会主义的基础"。
35. 发表《神圣家族》1850年法文第1版的《从最新的德国哲学看什么是圣经》
36. 马克思在巴黎出版的德文报纸《前进报》上著文评击反动制度，高度评价西里西亚织工起义，引起了德、法反动势力的仇视。

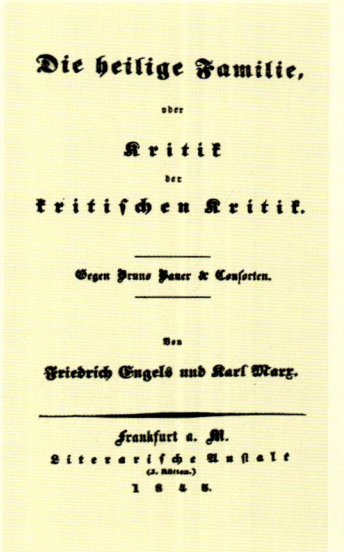

34

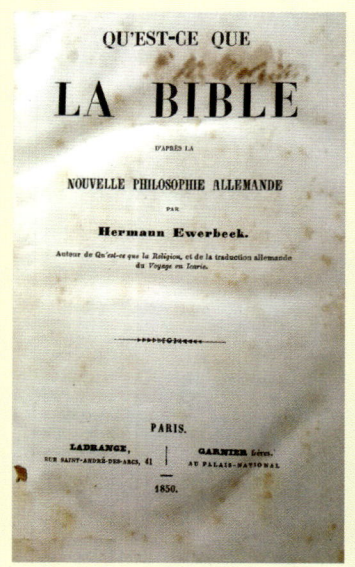

35

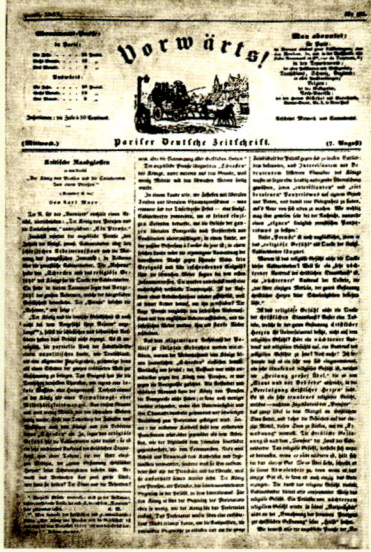

36

第二篇 《共产党宣言》与马克思主义的诞生

37. 在曼彻斯特与纺织女工交谈（油画） 高虹

　　1845年4月，恩格斯从德国巴门市迁居布鲁塞尔，同马克思一起从事理论研究和革命活动。1845年7—8月，马克思在恩格斯陪同下，先后到曼彻斯特和伦敦作了为期六周的考察，了解英国资本主义工商业和工人阶级状况，阅读了许多新文献，特别是政治经济学文献。

38. 马克思一家在布鲁塞尔同盟路 5 号和奥尔良路 42 号住过的房子

39. 马克思和恩格斯查阅过资料的曼彻斯特切特姆图书馆

第二篇 《共产党宣言》与马克思主义的诞生

哲学家们只是用不同的方式解释世界，问题在于改变世界。
——马克思

40.《关于费尔巴哈的提纲》手稿。在布鲁塞尔期间，马克思的理论研究取得了丰硕成果，他写的《关于费尔巴哈的提纲》被恩格斯称为"包含着新世界观的天才萌芽的第一个文献"。

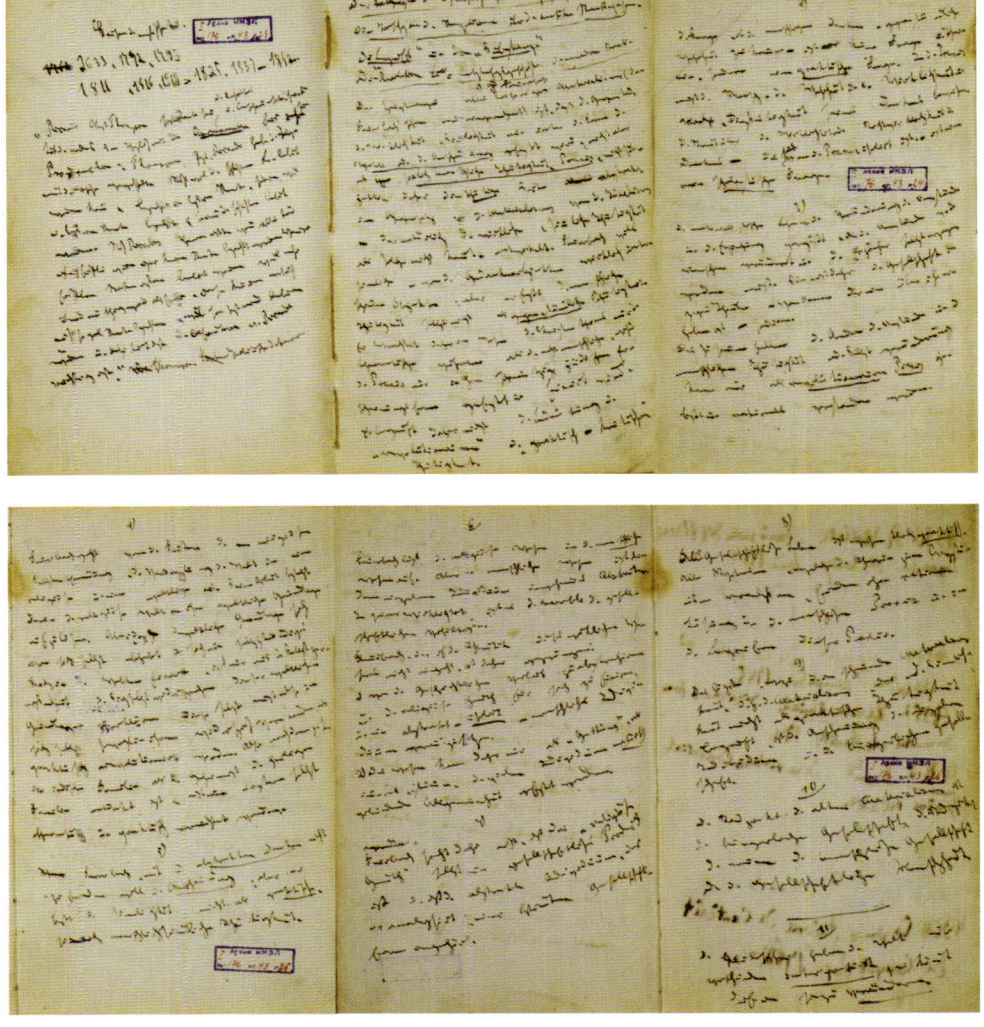

41.《德意志意识形态》两页手稿。1845年10月至1847年4—5月,马克思和恩格斯共同撰写《德意志意识形态》一书。在该书中,马克思和恩格斯批判了费尔巴哈和青年黑格尔派主要代表布·鲍威尔、麦·施蒂纳等人的唯心史观,揭露了"真正的社会主义"的假社会主义面目,系统阐述了唯物史观,揭示了人类历史发展的一般规律,论证了共产主义取代资本主义的历史必然性,提出了无产阶级夺取政权、消灭私有制、建设共产主义新社会的任务。这部著作当时未能出版,直到1932年才第一次以原文全文发表。

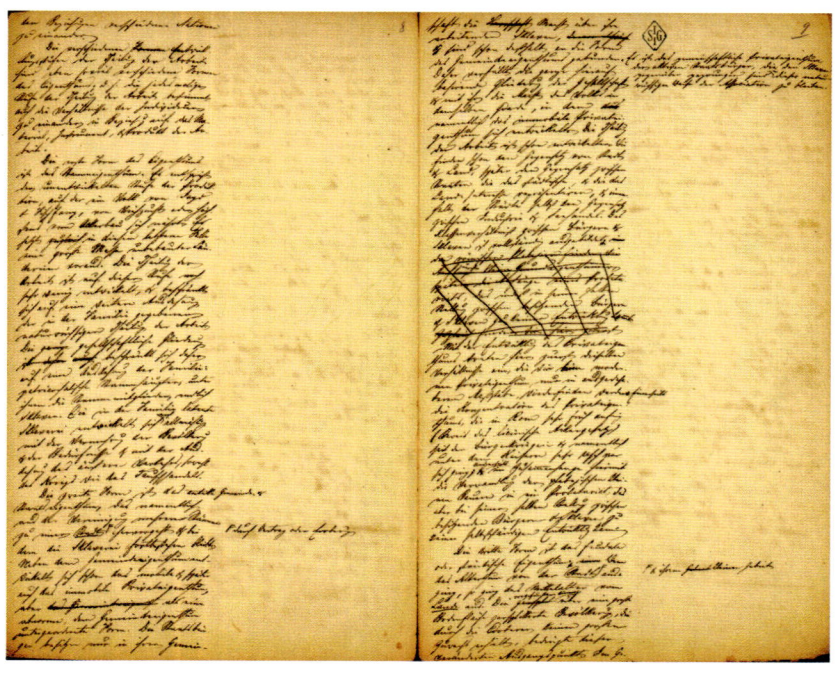

42.《哲学的贫困》第 1 版扉页。1847 年上半年,马克思撰写了《哲学的贫困》,批判了蒲鲁东取消社会革命的错误观点和唯心主义形而上学的方法论,揭示了资本主义生产方式内在矛盾的对抗性,指出这种对抗性必然导致阶级斗争尖锐化,资本主义社会终将为共产主义社会所代替,而工人阶级就是实现这一历史性变革的伟大革命阶级。

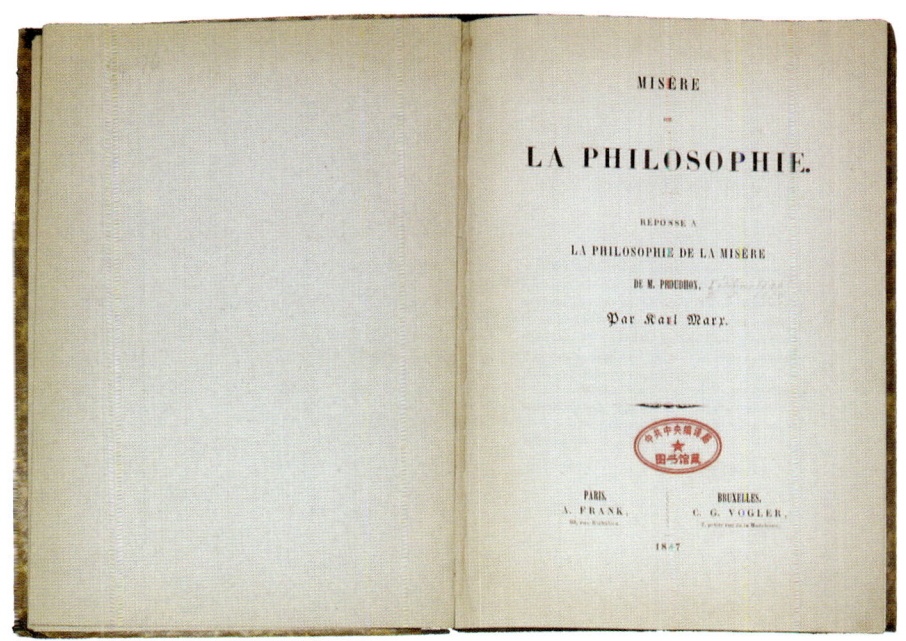

三、建立无产阶级政党

43. 马克思和恩格斯。1846年初,为了传播科学社会主义思想,马克思和恩格斯加强了同各国先进分子的联系,为建立无产阶级政党作思想上和组织上的准备,建立了布鲁塞尔共产主义通讯委员会。通讯委员会的领导核心由马克思、恩格斯和比利时共产主义者菲力浦·沙尔·日果组成。

第二篇 《共产党宣言》与马克思主义的诞生

44. 威廉·魏特林（1803—1871），共产主义通讯委员会成员，工人运动活动家，空想平均共产主义理论家。
45. 威廉·沃尔弗（1809—1864），共产主义通讯委员会成员，德国无产阶级革命家和政论家。
46. 约瑟夫·魏德迈（1818—1866），共产主义通讯委员会成员，德国和美国工人运动活动家。
47. 埃德加·冯·威斯特华伦（1819—1890），共产主义通讯委员会成员，马克思的夫人燕妮的弟弟，马克思的同学。

44

45

46

47

48. **同魏特林决裂**（中国画） 纪青远

　　魏特林在德国早期工人运动中起过积极作用，但他的学说是一种粗陋的平均主义理论。随着工人运动的发展，他的理论很快成为工人运动的障碍。马克思和恩格斯曾耐心帮助他接受科学社会主义理论，但他刚愎自用，拒不接受。最后，马克思和恩格斯不得不同他彻底决裂。

第二篇 《共产党宣言》与马克思主义的诞生

49. 《反克利盖的通告》，1846年5月11日，马克思和恩格斯为布鲁塞尔共产主义通讯委员会起草了该通告，对德国"真正的社会主义"的代表人物克利盖抹杀无产阶级和资产阶级之间对立与斗争的言行进行了彻底的批判。

50. 29岁的"马克思老爹"
（铜版画） 曹剑峰
马克思经常参加德意志工人教育协会的活动，与工人谈心并向他们作报告。由于马克思学识渊博，关心工人疾苦，工人们把这位29岁的青年尊称为"马克思老爹"。

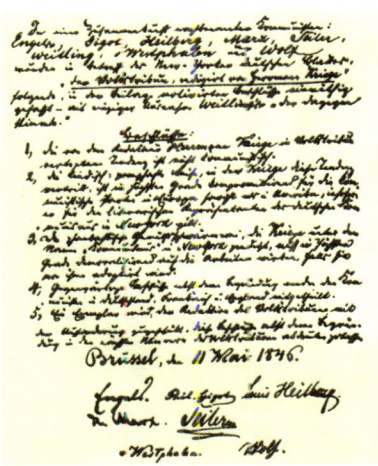

51. 正义者同盟给约瑟夫·莫尔的委托书，1847年1月20日，正义者同盟委托约瑟夫·莫尔拜访马克思和恩格斯，邀请他们加入同盟。

52. 共产主义者同盟成立大会（油画） 张文新

　　1847年1月20日，正义者同盟委托约瑟夫·莫尔拜访马克思和恩格斯，邀请他们加入同盟。正义者同盟是1836年成立的主要由无产阶级化的手工业工人组成的德国政治流亡者秘密组织。随着形势的发展，同盟的领导成员逐渐确信马克思和恩格斯的理论主张是正确的。鉴于同盟领导者愿意改组同盟并接受科学社会主义理论，马克思和恩格斯同意加入并帮助改组同盟。恩格斯出席了共产主义者同盟第一次代表大会。大会决定把正义者同盟改名为共产主义者同盟，把同盟的旧口号"人人皆兄弟"改为"全世界无产者，联合起来！"恩格斯为共产主义者同盟起草了纲领草案《共产主义信条草案》。共产主义者同盟是第一个以科学社会主义为指导思想的无产阶级政党。

53. 1847年12月，马克思在布鲁塞尔德意志工人教育协会作了有关雇佣劳动与资本的演说。马克思用通俗易懂的语言论述了以剥削雇佣工人劳动为基础的资本主义生产关系的实质，阐明了剩余价值理论的某些思想。1849年4月，这篇演说以社论形式在《新莱茵报》连载，题为《雇佣劳动与资本》。图为《雇佣劳动与资本》1883年俄文版和1884年德文版。

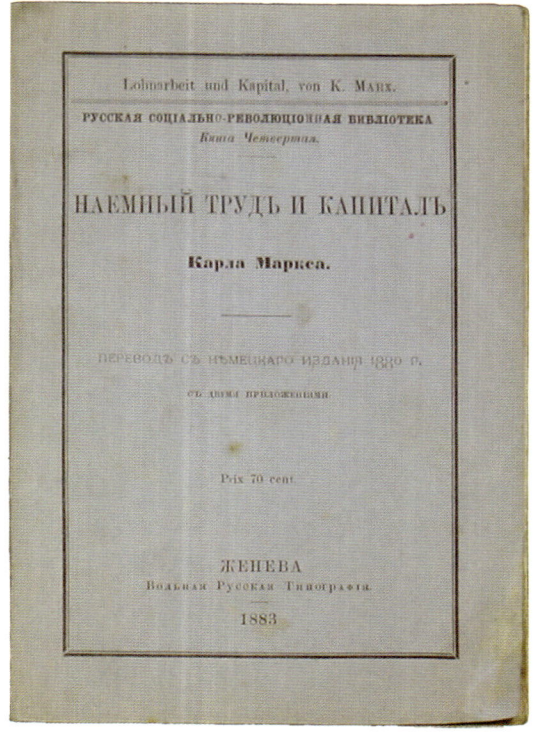
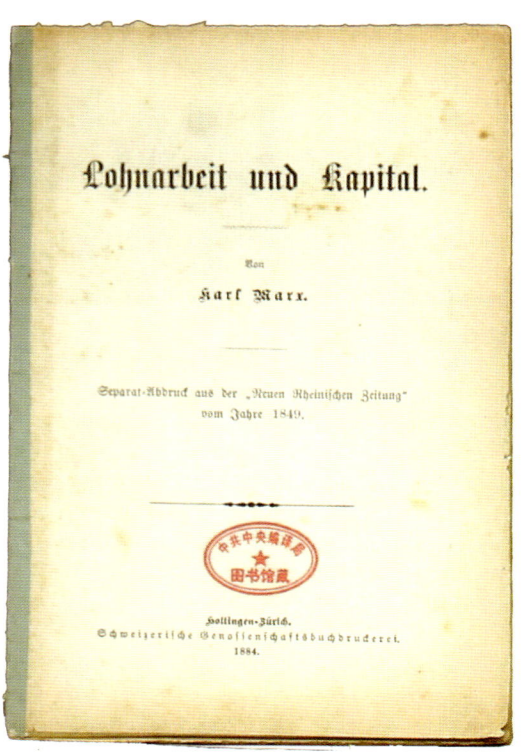

54. 写作《共产主义原理》
（素描） 刘文西

共产主义者同盟第一次代表大会后，恩格斯受同盟巴黎区部的委托，以当时流行的问答形式草拟了一个新的纲领草案——《共产主义原理》，供同盟第二次代表大会讨论。大会召开前夕，恩格斯致信马克思，商讨同盟纲领的修改问题，提出："我们最好不要采用那种教义问答形式，而把这个文本题名为《共产主义宣言》。"

55. 恩格斯在《共产主义原理》中阐明了共产主义理论的本质，论述了无产阶级的阶级特性和历史使命，揭示了资本主义灭亡和共产主义胜利的历史必然性，阐述了共产主义者进行革命斗争的策略原则。图为《共产主义原理》多个版本。

54

55

56. 在共产主义者同盟第二次代表大会上（中国画） 王明明

1847年11月29日，共产主义者同盟在伦敦召开第二次代表大会。马克思和恩格斯出席了会议，大会委托马克思、恩格斯为同盟起草一个纲领。

57. 共产主义者同盟第二次代表大会通过的马克思和恩格斯参与起草的《共产主义者同盟章程》

四、《共产党宣言》的诞生与传播

代替那存在着阶级和阶级对立的资产阶级旧社会的,将是这样一个联合体,在那里,每个人的自由发展是一切人的自由发展的条件。

——马克思、恩格斯

58. 起草《共产党宣言》
（木刻）张怀江

年轻的马克思、恩格斯接受共产主义者同盟"二大"的委托后,在伦敦着手研究写作方案。1847年12月至1848年1月底,马克思和恩格斯经过一个多月的努力,写成了马克思主义纲领性文献《共产党宣言》。《共产党宣言》揭示了资本主义内在矛盾和资本主义必然灭亡、共产主义必然胜利的历史规律,阐明了无产阶级的历史使命,论述了共产党的性质、宗旨、基本纲领和策略原则,批判了形形色色的社会主义流派,划清了科学社会主义同它们的界限。《共产党宣言》的问世标志着马克思主义的诞生,开启了国际共产主义运动的新纪元。

59.《共产党宣言》手稿的一页,头两行为马克思的夫人燕妮的手迹。
60.《共产党宣言》1848年德文第1版

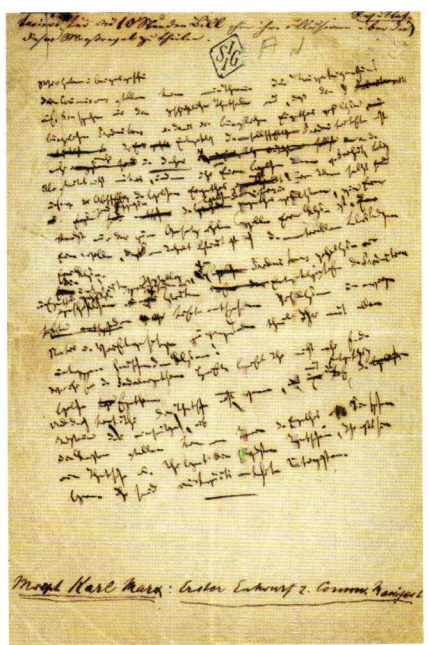

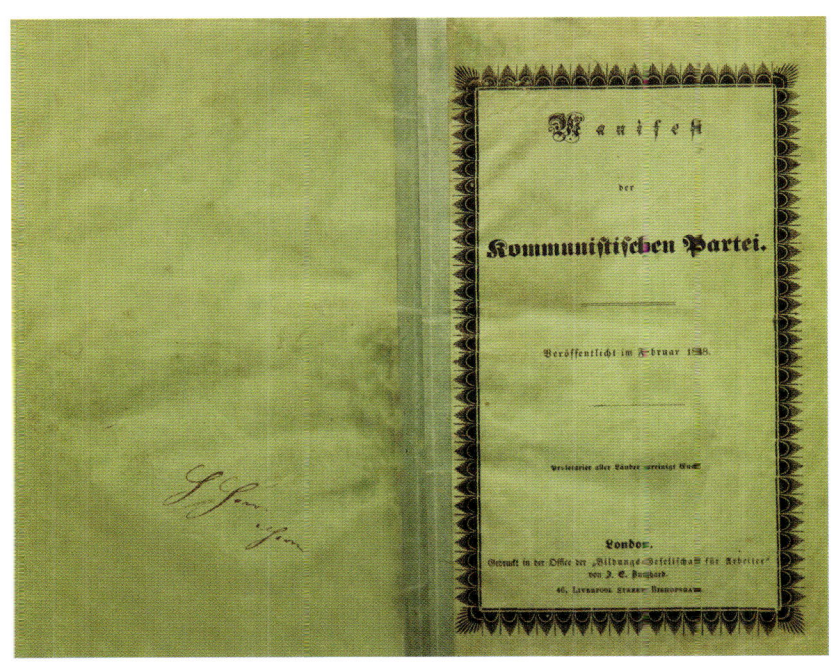

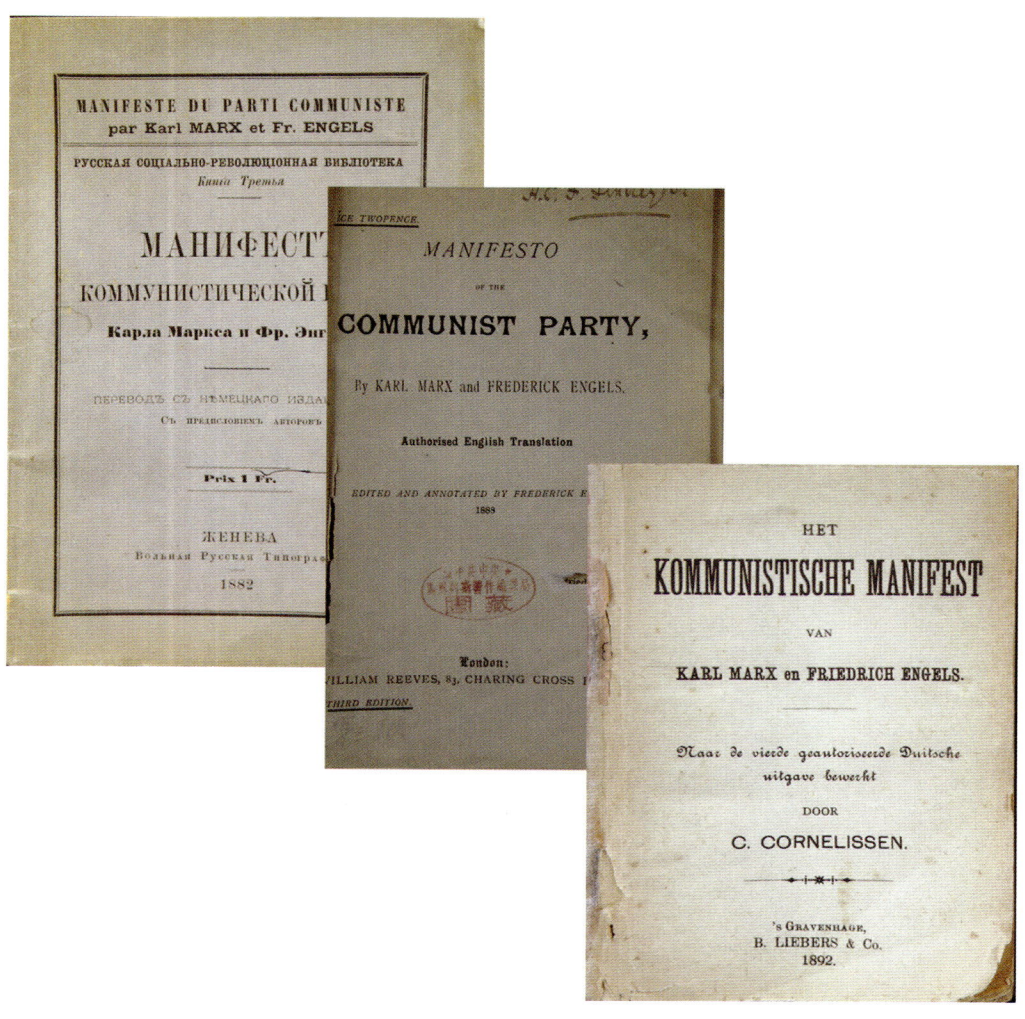

61.《共产党宣言》1882年俄文第2版、1888年英文第3版、1892年荷兰文第1版

第二篇 《共产党宣言》与马克思主义的诞生

62.《共产党宣言》袖珍本

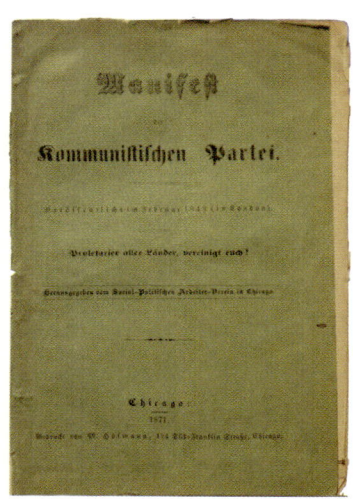

63. 《共产党宣言》1866年伦敦德文版、1871年芝加哥德文版、1872年莱比锡德文第2版

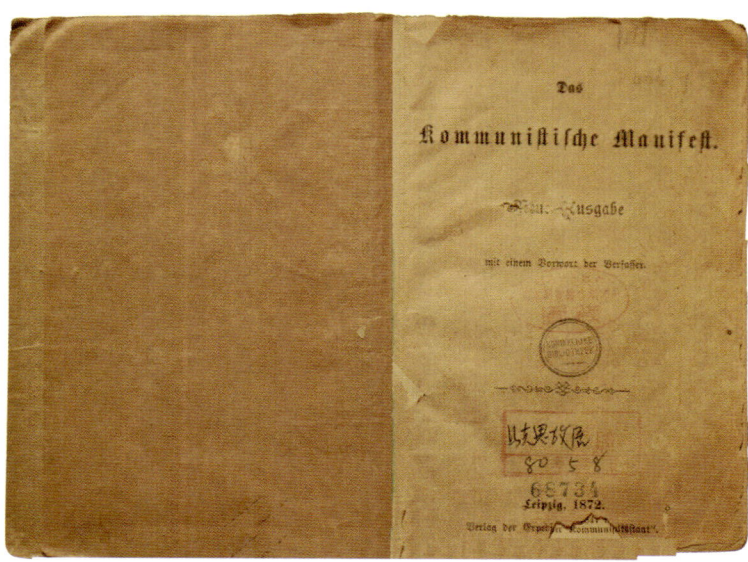

64. 《共产党宣言》1883 年慕尼黑德文版、1883 年纽约英文版、1883 年芝加哥德文版

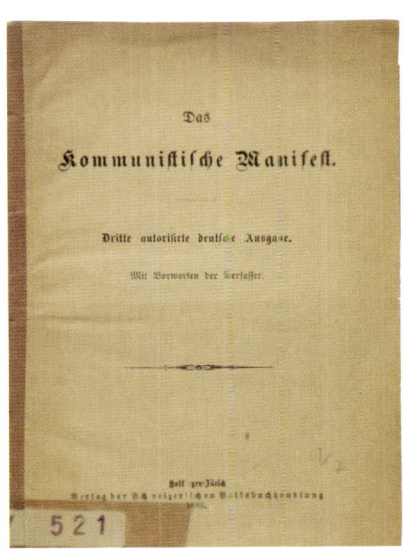

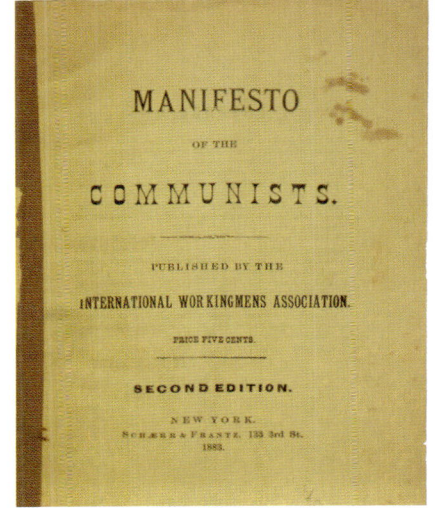

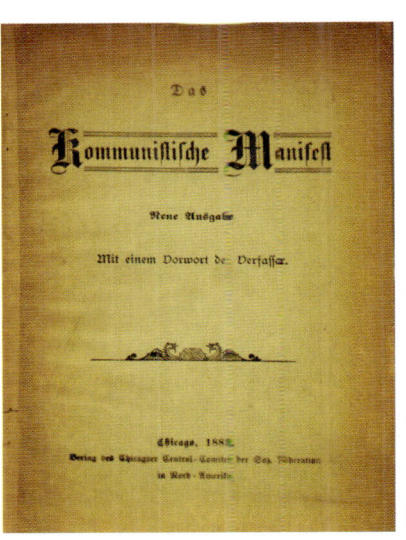

65. 《共产党宣言》1891年柏林德文版、1895年汉堡德文版、1906年东京日文第2版（载于《社会主义研究》第一号）

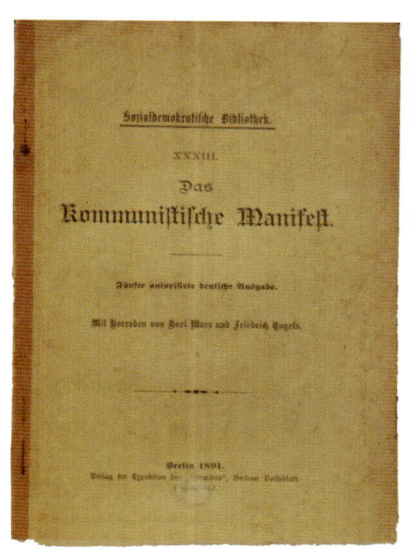

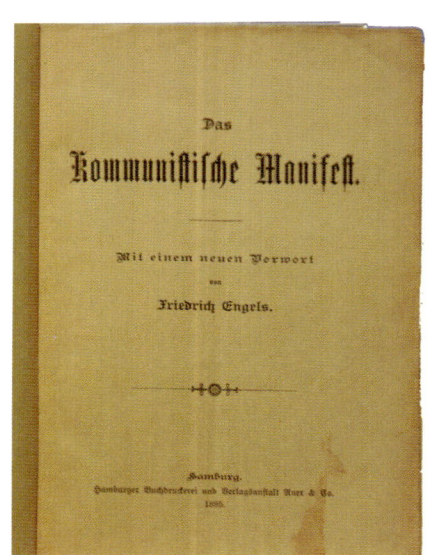

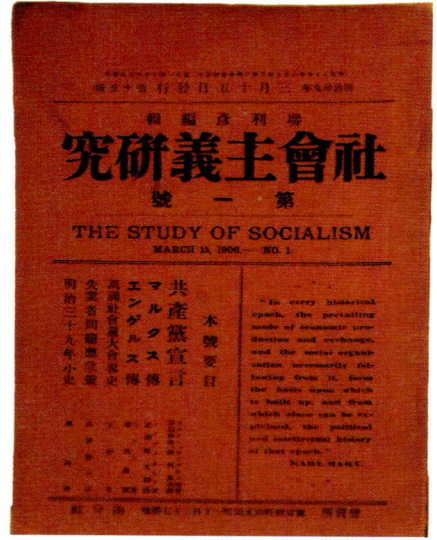

第二篇 《共产党宣言》与马克思主义的诞生

66-1. 世界各国出版的《共产党宣言》（部分）

马克思的壮丽人生——真理的力量：纪念马克思诞辰200周年主题展览

66-2. 世界各国出版的《共产党宣言》（部分）

第二篇 《共产党宣言》与马克思主义的诞生

66-3. 世界各国出版的《共产党宣言》（部分）

五、《共产党宣言》发表后革命运动的发展

67. 1848年2月24日巴黎罗亚尔宫外的战斗。《共产党宣言》发表后,一场革命风暴席卷欧洲大陆。《共产党宣言》中规定的一些斗争目标和策略原则,为无产阶级在这次革命运动中所运用。

第二篇 《共产党宣言》与马克思主义的诞生

68. 马克思和恩格斯动员德国工人分散回国（油画） 邓澍

　　德国爆发革命后，巴黎德意志民主协会的一些领导人鼓动德国流亡者组成义勇军打回老家去。马克思和恩格斯反对这种冒险主义行动，主张流亡者分散回国参加革命。截至 1848 年 4 月初，马克思、恩格斯和共产主义者同盟中央委员会动员了三四百名德国流亡者（其中多数是同盟盟员）有步骤地返回祖国。

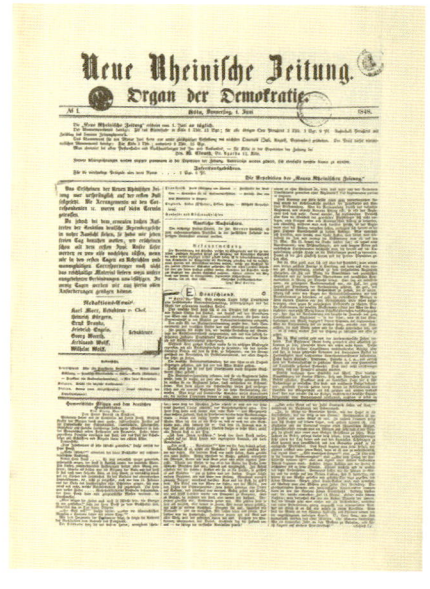

69

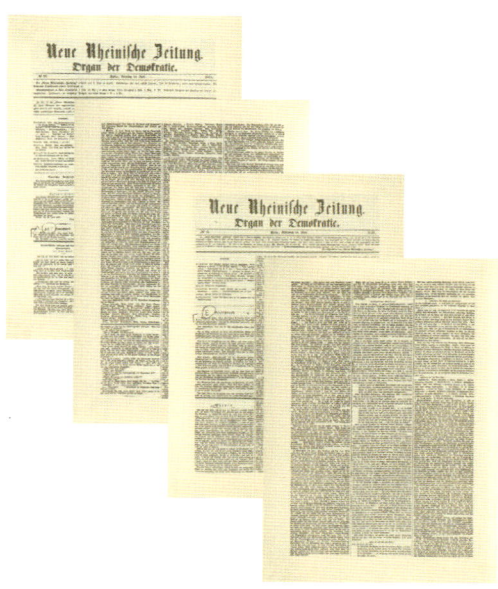

70

71

69.《新莱茵报》创刊号，1848年4月11日，马克思和恩格斯来到科隆筹办《新莱茵报》，并以共产主义者同盟中央的名义派出代表分赴各地，扩大同盟的地方组织。

70. 马克思和恩格斯在《新莱茵报》发表的评论文章——《柏林关于革命的辩论》《布拉格起义》《在波兹南的新政策》《法兰克福关于波兰问题的辩论》

71. 马克思和恩格斯以《新莱茵报》为阵地，向德国乃至整个欧洲的封建制度发起猛烈攻击，为德国和其他革命者提供了重要的理论和策略指导，受到广大群众热烈欢迎。《新莱茵报》在被迫停刊前已经拥有6000个订户。图为茹科夫创作的素描《〈新莱茵报〉广为流传》。

第二篇 《共产党宣言》与马克思主义的诞生

72. 在莱茵省第一届民主主义者代表大会上（油画） 张红年

1848年8月13—14日，第一届莱茵省民主主义者大会在科隆举行。出席大会的有莱茵省和威斯特伐利亚的各民主协会和工人联合会的代表。马克思和恩格斯出席了这次代表大会。大会批准了科隆三个民主团体中央委员会的组成。

马克思的壮丽人生——真理的力量：纪念马克思诞辰200周年主题展览

73. **法庭上的胜利**（油画） 李天祥、赵友萍

在科隆的法庭上，面对普鲁士当局的污蔑行为，马克思针对侮辱检察长的指控进行了缜密的辩论，恩格斯针对诽谤宪兵的指控进行了有力的驳斥，法庭不得不宣告他们无罪。

第二篇 《共产党宣言》与马克思主义的诞生

74. 《两个政治审判案》的扉页。1849 年 2 月上旬,普鲁士当局以侮辱检察官和诽谤宪兵的罪名传讯《新莱茵报》主编马克思和编辑恩格斯。他们在法庭上为报纸所作的辩护,全文发表于《新莱茵报》,并随后出版了合集小册子《两个政治审判案》,它成为马克思主义新闻法治思想的一份重要文献。

75. 《新莱茵报》创刊号。1849 年 5 月 16 日,马克思收到普鲁士政府的驱逐令。恩格斯和《新莱茵报》其他编辑也面临被捕或驱逐出境的危险。在反革命势力迫害下,《新莱茵报》被迫于 5 月 19 日停刊,并特意选用红色油墨印刷了终刊号。终刊号上还发表了编辑部致科隆工人的告别信,信中写道:"《新莱茵报》的编辑们在向你们告别的时候,对你们给予他们的同情表示衷心的感谢。无论何时何地,他们的最后一句话终将是:工人阶级的解放!"

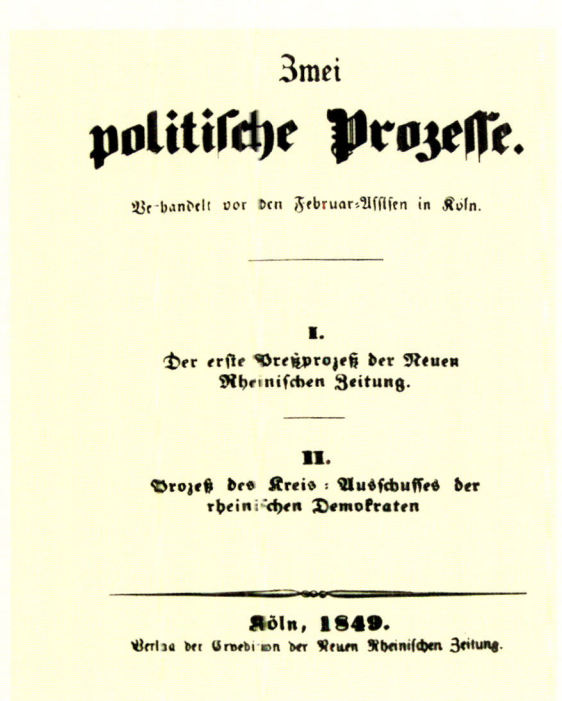

76. 马克思在《新莱茵报》被迫停刊后，先是来到巴黎。1849年8月23日，马克思写信告诉恩格斯，他已被法国政府驱逐，正打算前往英国伦敦，并在那里创办德文杂志。1850年，马克思和恩格斯在伦敦创办《新莱茵报。政治经济评论》，他们在该杂志上发表了一系列总结1848年至1849年革命经验的重要著作，进一步丰富和发展了无产阶级革命理论。图为1850年出版的《新莱茵报。政治经济评论》。

77. 马克思的《1848年至1849年》连载于《新莱茵报。政治经济评论》第1、2、3期。在这组文章中，马克思论述了无产阶级革命斗争的理论和策略，第一次使用了"无产阶级专政"概念，并阐述了无产阶级专政的科学内涵和历史使命。1895年，恩格斯将这组文章编成单行本出版，并将标题改为《1848年至1850年的法兰西阶级斗争》。

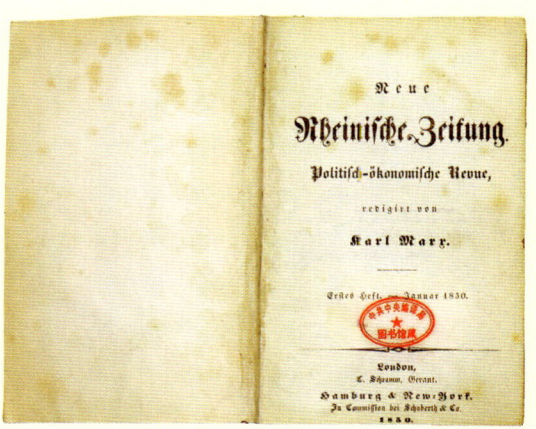

76

77

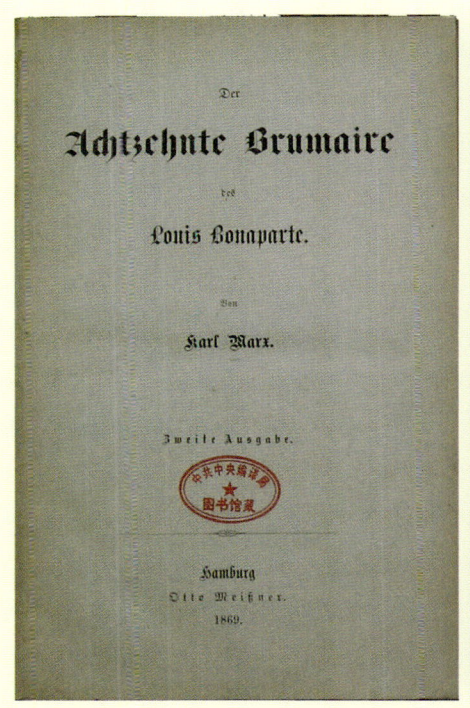 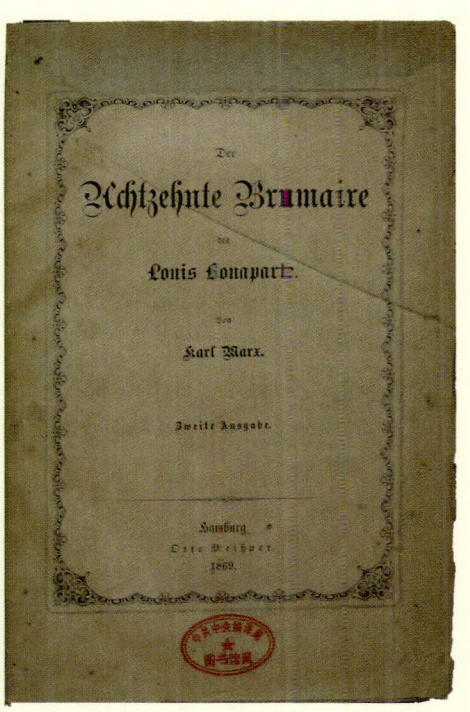

78.《路易·波拿巴的雾月十八日》1869年德文版,该文最先刊载在不定期刊物《革命》第1期上。在这部著作中,马克思第一次提出无产阶级革命必须打碎旧的国家机器的思想。

马克思的壮丽人生——真理的力量:纪念马克思诞辰 200 周年主题展览

79. 讨论《告同盟书》(油画) 毛凤德

1850年3月和6月,马克思和恩格斯共同起草了两篇《共产主义者同盟中央委员会告同盟书》,总结了欧洲革命的经验,制定了无产阶级在未来革命中的纲领和策略。

第二篇 《共产党宣言》与马克思主义的诞生

80. 同维利希—沙佩尔集团作斗争（工笔画） 杨刚

　　1850年夏,共产主义者同盟内部形成了以维利希和沙佩尔为首的宗派集团。他们不顾革命处于低潮期这一实际情况,提出要在德国立即发动革命,夺取政权。马克思和恩格斯坚决反对这种冒险主义行动,认为这是一种脱离实际的宗派策略。

81. **为营救战友积极工作**（油画） 闻立鹏

1851年5—6月，普鲁士当局为了彻底扑灭革命运动，以所谓"图谋叛国"的罪名逮捕了共产主义者同盟的一些成员。并于1852年10月4日在科隆开始对11名被告进行审讯。马克思得知战友被捕的消息后，立即同恩格斯联系，商量营救办法。他们通过投书报刊、发表声明、提供辩护材料等办法揭露普鲁士当局伪造证据、蓄意迫害的阴谋。马克思的夫人燕妮也积极参与了营救工作。

82.《揭露科隆共产党人案件》1853年德文版和1885年德文版。
马克思在《揭露科隆共产党人案件》中,揭露了普鲁士当局在迫害共产党人时所采用的卑劣手法。

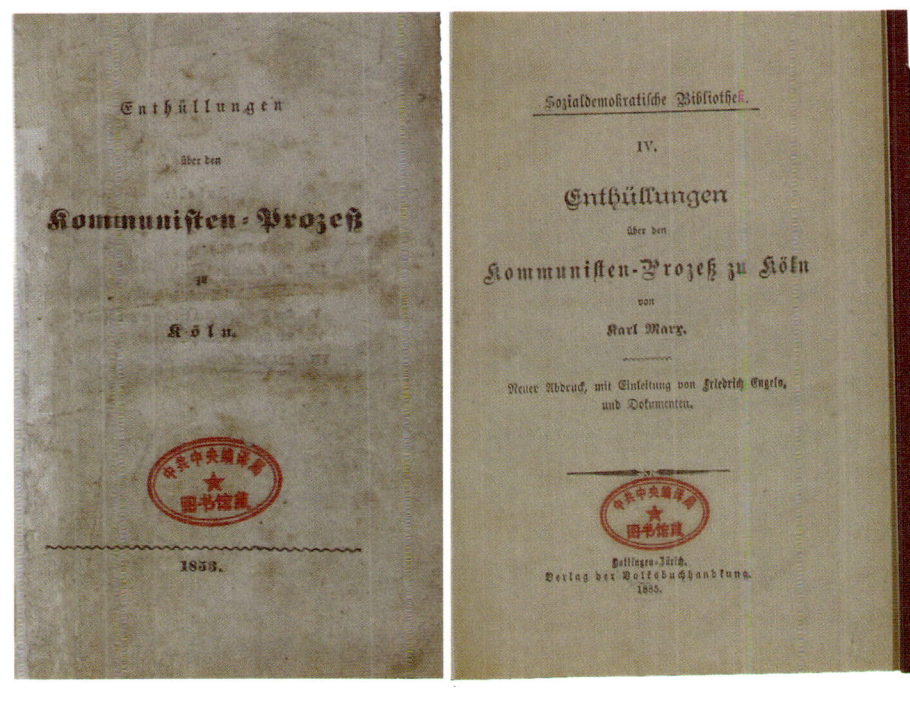

马克思的壮丽人生——真理的力量：纪念马克思诞辰 200 周年主题展览

83

83. **马克思在伦敦纪念波兰起义四周年大会上**（石版画） 文匡璋
    1863年1月，波兰爆发起义，波兰民族解放运动进入高潮。马克思高度评价这次起义，认为这是在欧洲"揭开了革命的纪元"。马克思积极参加声援波兰人民的一系列活动。1865年3月，他出席在伦敦举行的纪念波兰起义两周年大会；1867年1月，他又作为国际工人协会的代表出席纪念波兰起义四周年大会，并发表演说。
84. 《美国新百科全书》是世界著名三大百科全书之一，出版于1858年至1863年，共16卷。马克思、恩格斯为该书撰写了大量词条，丰富了革命理论。

85. 从 19 世纪 50 年代起，马克思、恩格斯密切关注中国问题，在《纽约每日论坛报》上发表了一系列论述中国问题的文章，严厉谴责英、法、俄、美等国对中国的野蛮侵略，高度评价中国人民反抗列强侵略和封建统治的斗争。这些文章后来被集结出版，并被翻译成中文。

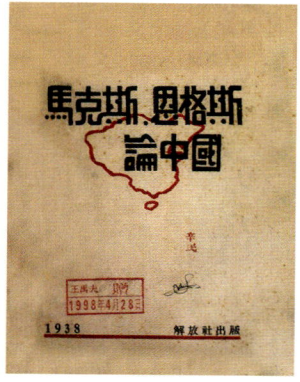

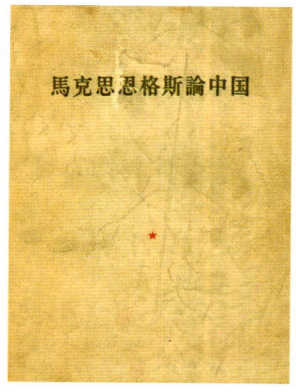

第三篇

划时代巨著
《资本论》的创作

19世纪50年代和60年代，马克思把主要精力用于研究政治经济学，并创作划时代巨著《资本论》。1857年到1865年，马克思为《资本论》写下了三部手稿。马克思于1867年出版《资本论》第一卷，此后继续创作《资本论》第二卷、第三卷。马克思逝世后，《资本论》第二、三卷经恩格斯整理编辑，分别于1885年和1894年出版。这部具有划时代意义的巨著科学阐明了劳动价值理论和剩余价值理论，在政治经济学领域实现了革命性的变革，标志着马克思主义政治经济学的创立。唯物史观与剩余价值学说为科学社会主义奠定了坚实的理论基础。这部著作还包含着涉及政治、法律、历史、教育、道德、宗教、科学技术、文学艺术和生态问题的一系列精辟论述，是马克思主义的理论宝库，为工人阶级和劳动人民推翻旧世界、建设新社会提供了强大的思想武器。

一、《资本论》创作

86. 伟大的友谊（中国画） 欧洋、杨之光

马克思在写作《资本论》时经常就一些理论难题和恩格斯交换意见。

第三篇 划时代巨著《资本论》的创作

87. 1850 年前后英格兰一家纺织厂的内景

马克思的壮丽人生——真理的力量：纪念马克思诞辰 200 周年主题展览

88. 19 世纪德国一家工厂的车间

第三篇　划时代巨著《资本论》的创作

89. 19世纪60年代的英国博物馆阅览厅

90

90. 在创作《资本论》的过程中，马克思广泛阅读并大量引证各种文献，为此他经常去英国博物馆。图为明科夫、罗曼诺夫创作的《马克思在英国博物馆查阅资料》（素描）。
91. 1851年伦敦举办万国工业博览会，马克思参观了此次展览。

91

第三篇 划时代巨著《资本论》的创作

92. "经济革命之后必定会发生政治革命"（木刻） 张怀江

93. 马克思原计划把他的经济学著作分六册出版，1859年，他出版了《政治经济学批判。第一分册》。他为该书撰写的序言具有重要的理论意义，对唯物史观作了经典论述。

第三篇 划时代巨著《资本论》的创作

94. 忘我地工作（木刻） 许钦松

马克思为撰写《资本论》，常常工作到深夜。在这种忘我的工作状态下，马克思于1867年完成《资本论》第1卷的创作。

马克思的壮丽人生——真理的力量：纪念马克思诞辰 200 周年主题展览

95. 向最忠诚的朋友报捷——《资本论》第一卷完成（油画） 何孔德

1867 年 8 月 16 日深夜两点，马克思看完了《资本论》第 1 卷最后一个印张的校样。他抑制不住内心的激动，连夜写信给自己的亲密战友恩格斯，向他报告这一喜讯。

二、《资本论》的出版和传播

在科学的道路上没有平坦的大道，只有不畏艰险沿着陡峭山路向上攀登的人，才有希望达到光辉的顶点。

——马克思

《资本论》在大陆上常常被称为"工人阶级的圣经"。任何一个熟悉工人运动的人都不会否认：本书所作的结论日益成为伟大的工人阶级运动的基本原则。

——恩格斯

96. 马克思赠给约翰·格奥尔格·埃卡留斯的
《资本论》第 1 卷 1367 年德文第 1 版

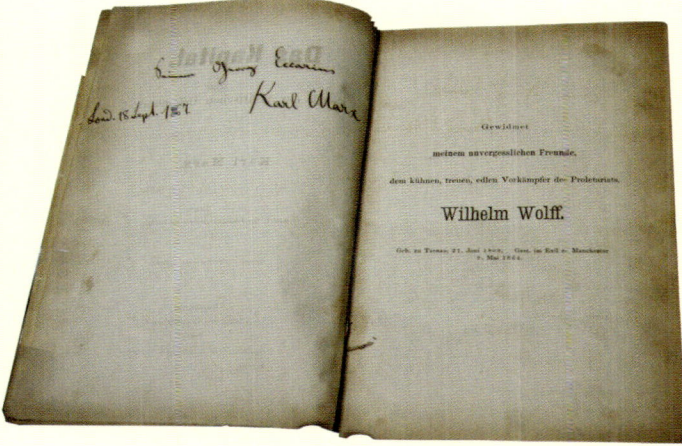

97. 马克思校订过的《资本论》第1卷法文第1版,书中有马克思的签名及多处修改。

第三篇 划时代巨著《资本论》的创作

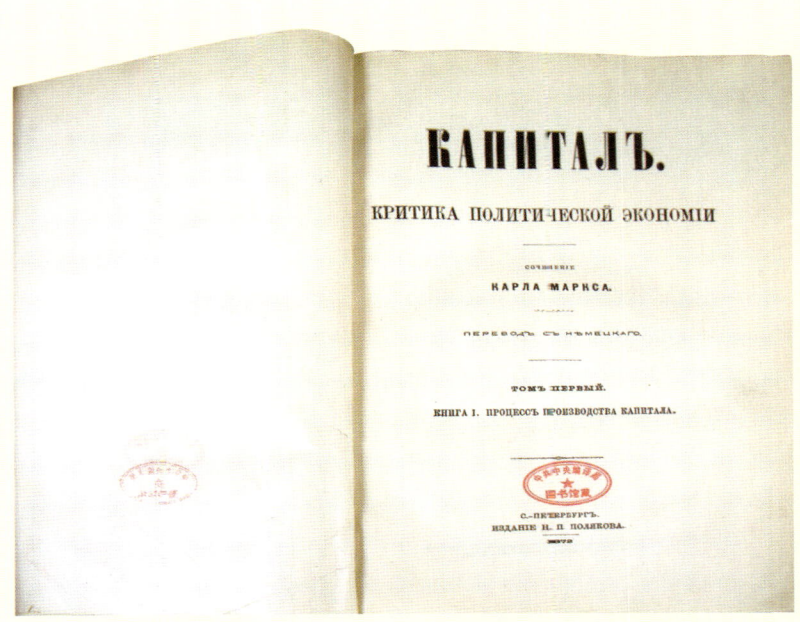

98. 《资本论》第 1 卷
 1872 年俄文第 1 版
99. 《资本论》第 1 卷
 1887 年英文版

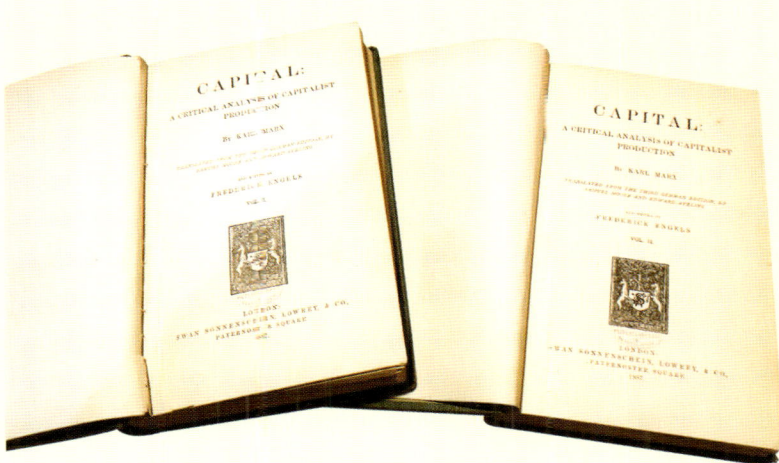

100. 《资本论》多种外文版

第三篇 划时代巨著《资本论》的创作

101-1.《资本论》日文版（部分）

马克思的壮丽人生——真理的力量：纪念马克思诞辰 200 周年主题展览

101-2.《资本论》日文版（部分）

第三篇 划时代巨著《资本论》的创作

102.《资本论》第 2 卷手稿中的两页。《资本论》第 1 卷出版后,马克思继续在政治经济学和其他许多领域进行广泛研究,写作和修订《资本论》第 2 卷和第 3 卷,留下了大量手稿。

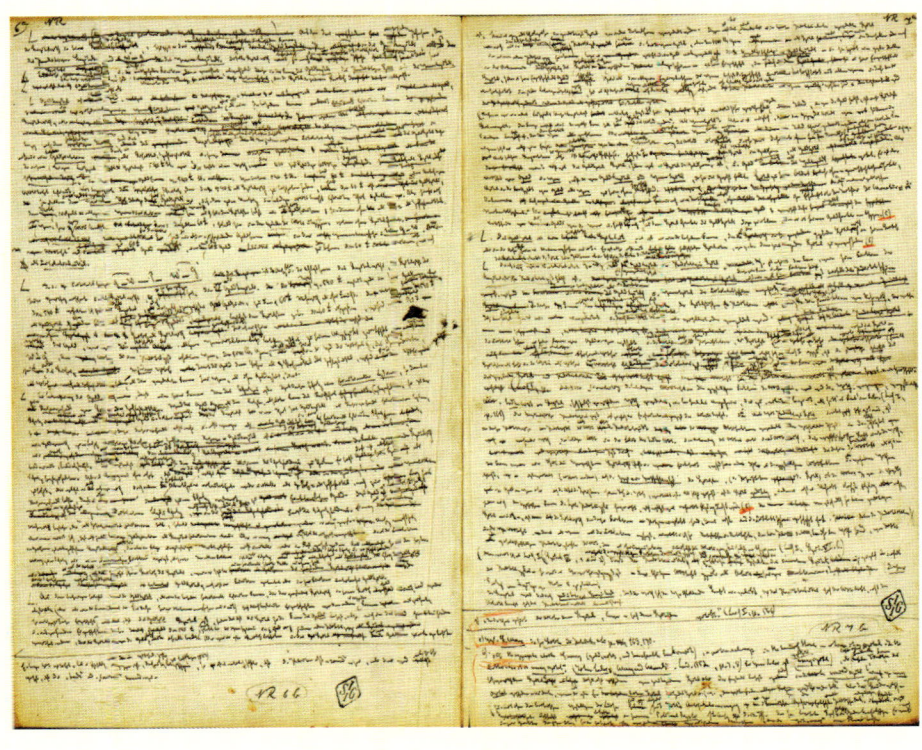

103. 口授《资本论》（中国画） 姚有多

马克思逝世后，恩格斯经过多年艰苦的工作，分别于 1885 年和 1894 年出版了《资本论》第 2 卷和第 3 卷。奥地利社会民主党人阿德勒说道：恩格斯出版《资本论》第 2 卷和第 3 卷，就是替他的天才朋友建立了一座庄严宏伟的纪念碑，无意中也把自己的名字不可磨灭地铭刻在上面了。

第四篇

国际工人协会的灵魂和领袖

19世纪50年代末60年代初，欧洲工人运动重新高涨。1864年9月28日，国际工人协会（后通称第一国际）在伦敦宣告成立。马克思起草了国际工人协会的成立宣言、临时章程和其他重要文件，为协会制定了斗争纲领、斗争策略和组织原则，是国际工人协会的灵魂和实际领袖。1871年3月18日，巴黎爆发人民起义，推翻资产阶级政权。3月28日，巴黎公社宣告成立。马克思热情支持巴黎人民的正义行动，并受国际总委员会的委托起草了《法兰西内战》。这部著作进一步发展了马克思主义关于阶级斗争、国家、无产阶级革命和无产阶级专政的理论，是科学社会主义的重要文献。

一、创建国际工人协会(第一国际)

叙述马克思在国际中的活动,就等于撰写欧洲工人还记忆犹新的这个协会本身的历史。

——恩格斯

104. 在国际工人协会成立大会上
(素描) 顾盼

1864年9月28日,英、法、德、意、波和瑞士等国的几百名工人代表在伦敦圣马丁堂举行集会,宣告成立国际工人协会。会议由爱·比斯利担任主席。马克思参加了大会,并被选入协会的领导机构。

第四篇　国际工人协会的灵魂和领袖

105. 1867年的马克思
106. 国际工人协会成立大会召开的地点伦敦圣马丁堂

105

106

107. 国际工人协会成立大会的主席爱德华·斯宾塞·比斯利（1831—1915）
108. 国际工人协会委员欧仁·杜邦（1831—1881）
109. 国际工人协会委员

107

108

弗里德里希·列斯纳
（1825—1910）

海尔曼·荣克
（1830—1901）

约翰·格奥尔格·埃卡留斯
（1818—1889）

乔治·奥哲尔
（1820—1877）

本杰明·鲁克拉夫特
（1809—1897）

考埃尔·威廉·弗雷德里克·斯特普尼（1820—872）

109

第四篇 国际工人协会的灵魂和领袖

110. 马克思《国际工人协会成立宣言和临时章程》手稿
111. 《国际工人协会成立宣言和临时章程》第1版

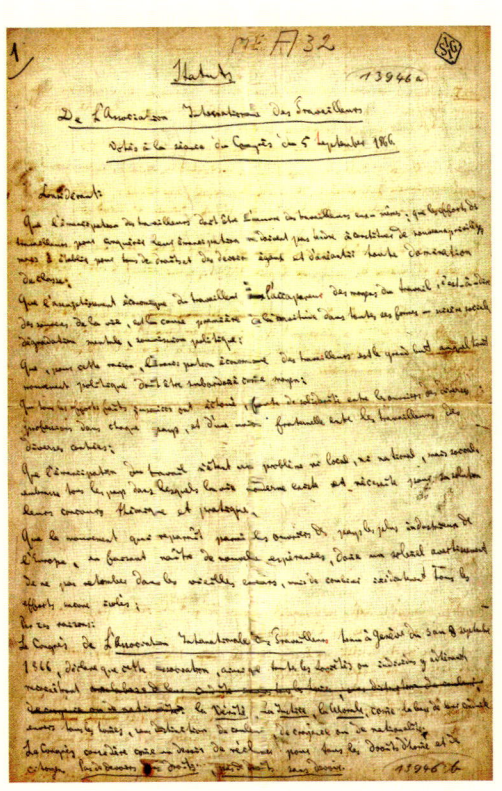

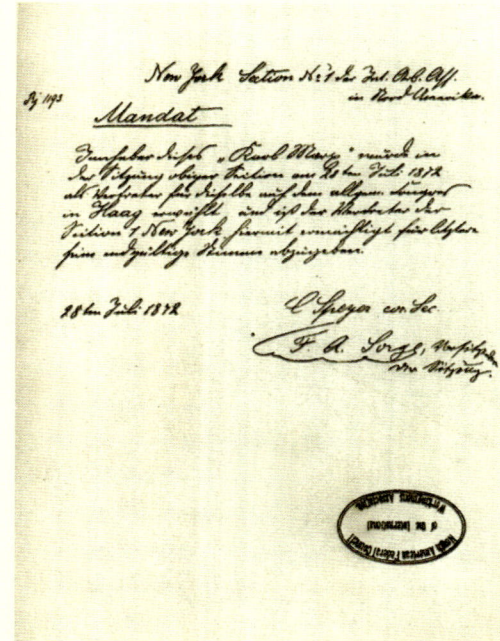

112. 1864年9月28日的开会通知

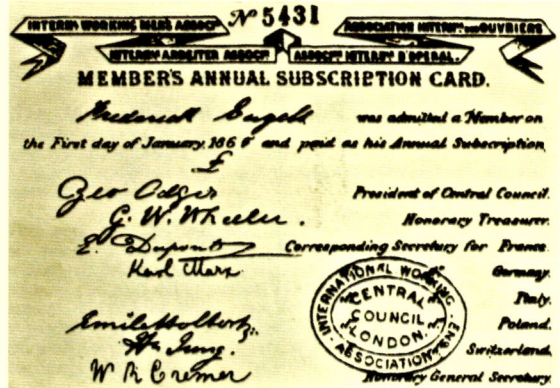

113. 恩格斯的国际工人协会会员证和会费卡

二、领导国际工人协会开展工作

114. 1866年国际日内瓦代表大会的代表合影。国际工人协会成立后,影响日益扩大,在许多国家和地区建立了支部,并多次召开代表大会和代表会议。

115. 1869年国际巴塞尔代表大会的代表合影

马克思的壮丽人生——真理的力量：纪念马克思诞辰 200 周年主题展览

116

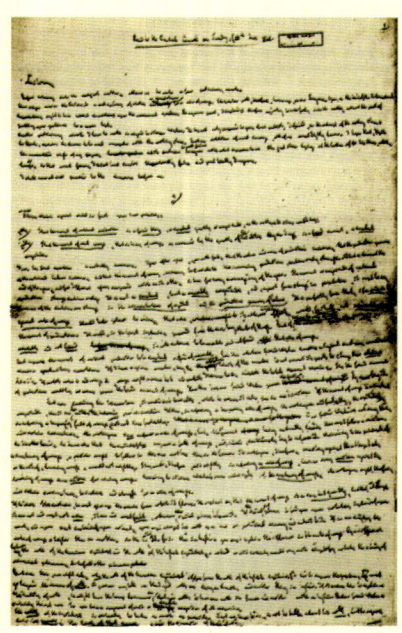

117

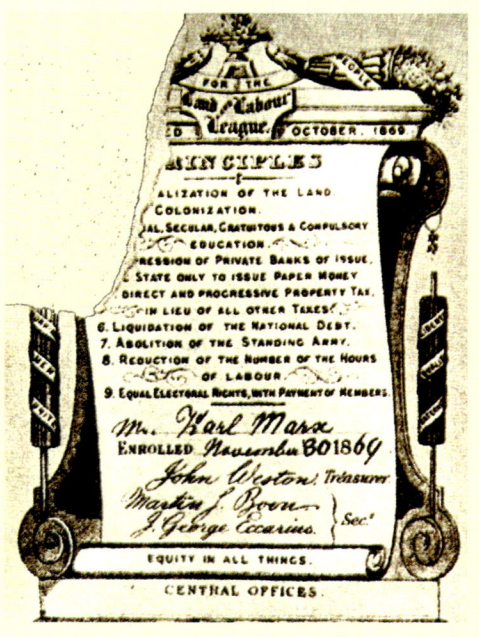

118

116. 国际工人协会巴塞尔支部的旗样
117. 《工资、价格和利润》手稿中的一页。1865年6月20日和27日,马克思为批驳国际工人协会内部否定工人阶级经济斗争作用的错误观点,在中央委员会会议上作了《工资、价格和利润》的报告。他在报告中通俗易懂地阐述了《资本论》的一些重要原理,论证了工人阶级开展经济斗争的必要性和重要性,同时强调要把经济斗争和政治斗争结合起来,"消灭雇佣劳动制度!"
118. 马克思的土地和劳动同盟盟员证(1869年11月30日)。1869年10月,在国际总委员会的参与下,土地和劳动同盟在伦敦成立。在该同盟的纲领中,除一般民主主义的要求外,还提出了土地国有化、缩短工作日等要求。马克思认为同盟的成立"是巴塞尔代表大会的结果之一"。
119. 《工资、价格和利润》多种外文版

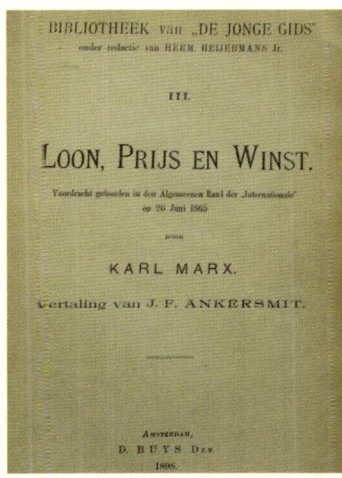
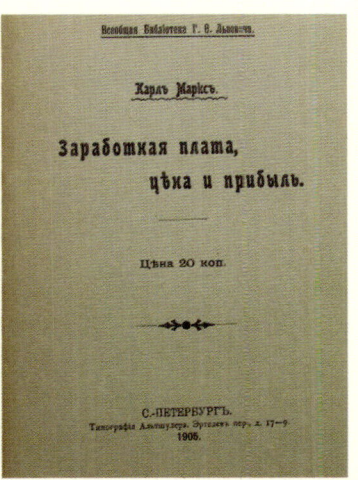

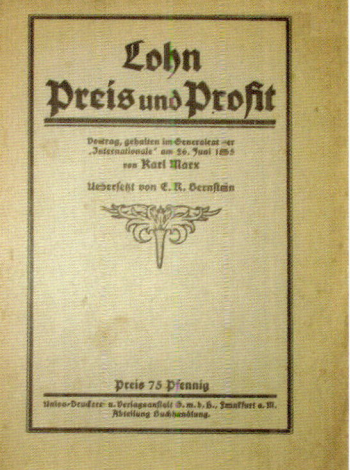

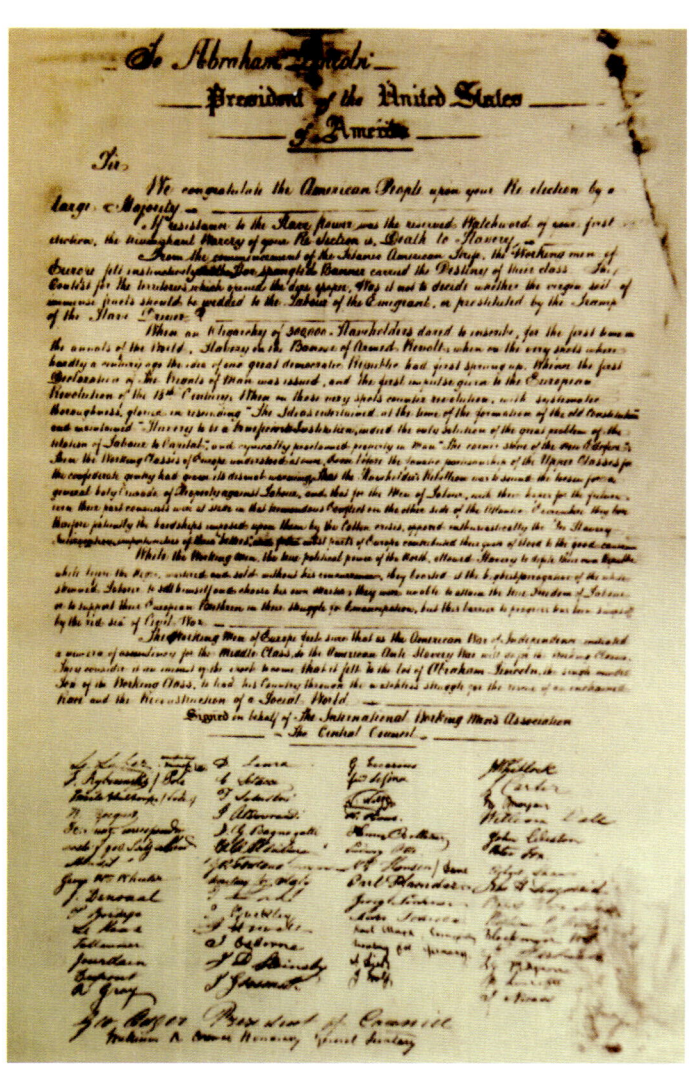

120. 马克思一直关注美国内战的进程，支持美国废除奴隶制的斗争。林肯连任总统后，马克思受国际工人协会中央委员会的委托，起草了致林肯的贺信。

第四篇 国际工人协会的灵魂和领袖

121. 1870年9月，恩格斯在告别了"可诅咒的商业"之后，由曼彻斯特移居伦敦，从此他和马克思朝夕相处，为无产阶级解放事业并肩战斗。

三、满腔热情支持巴黎公社

不管当前这场可憎的战争进程如何,全世界工人阶级的联合终究会根绝一切战争。
——马克思

122. 19 世纪 60 年代中后期,随着普鲁士主导下的德国统一进程的推进,普鲁士王国与法兰西第二帝国之间的矛盾日益尖锐。1870 年 7 月 19 日普法战争爆发。图为 1870 年 8 月 6 日普法战争的战斗场面。

123. 国际工人协会总委员会关于普法战争的第一篇宣言

124. 1870年9月,法军在色当会战中惨败,拿破仑三世被俘,巴黎人民推翻王朝,于1870年9月4日宣告成立法兰西共和国。

第四篇 国际工人协会的灵魂和领袖

125. 1871年3月18日，国民自卫军战士和巴黎人民举行武装起义，推翻资产阶级政府。3月28日，巴黎公社宣告成立。图为1871年3月18日尚蒙高地的守卫者。

126. 巴黎公社军事首脑德勒克吕兹

127. 巴黎公社社员举行会议

第四篇 国际工人协会的灵魂和领袖

128. 巴黎公社社员（版画）

马克思的壮丽人生——真理的力量：纪念马克思诞辰 200 周年主题展览

129. 盘踞在凡尔赛的梯也尔反动政府勾结普鲁士军队，向巴黎公社疯狂反扑。公社战士们为捍卫公社事业进行了英勇不屈的斗争。图为公社社员在贝尔维尔构筑的街垒。

130. 巴黎公社失败后，被集中关押的社员

第四篇 国际工人协会的灵魂和领袖

131. 巴黎公社失败后被破坏的巴黎街道及建筑

132. 坚决站在"冲天的巴黎人"一边（油画） 张文新

　　马克思和恩格斯得知巴黎爆发革命的消息后，坚决站在"冲天的巴黎人"一边，充分肯定巴黎公社的革命创举和伟大意义，揭露资产阶级报刊散布的各种谎言，呼吁各国无产阶级和进步力量声援巴黎人民的革命运动。

133. 向国际总委员会报告巴黎起义的情况（素描） 顾盼

　　普法战争爆发后，马克思通过国际总委员会，向各个支部发出几百封信件，号召他们发起支持公社的活动。

马克思的壮丽人生——真理的力量：纪念马克思诞辰 200 周年主题展览

134. 马克思通过一位德国商人转达自己对公社的建议（水粉画） 汤小铭

身居伦敦的马克思对公社的事业十分关心，他通过一位德国商人转达自己对公社的建议。

134

第四篇　国际工人协会的灵魂和领袖

即使公社被打败，斗争也只是推迟而已。公社的原则是永存的，是消灭不了的；这些原则将一再凸显出来，直到工人阶级获得解放。

——马克思

135. 马克思（1872年上半年摄于伦敦）

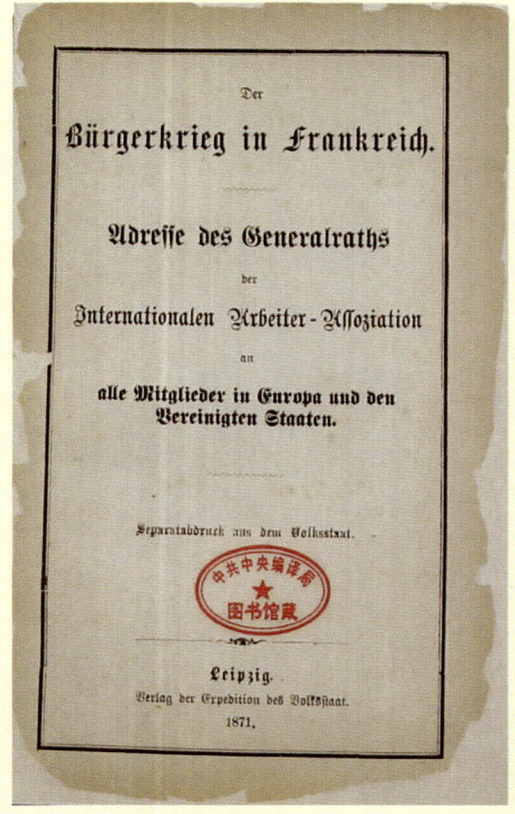
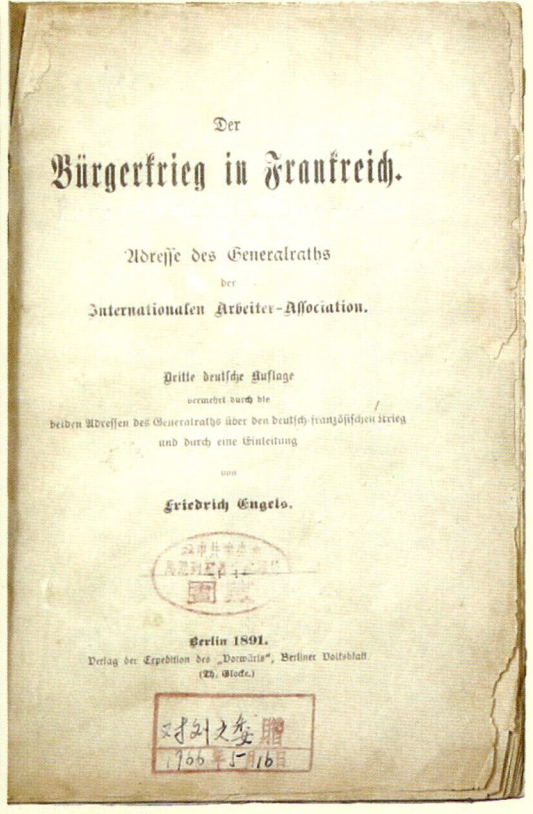

136. 《法兰西内战》1871 年和 1891 年德文版。巴黎公社失败两天后，即 1871 年 5 月 30 日，马克思在国际工人协会总委员会的会议上宣读了他撰写的总委员会宣言《法兰西内战》。这部著作科学地总结了巴黎公社的经验教训，进一步阐述和发展了马克思主义关于阶级斗争、国家、无产阶级革命和无产阶级专政的理论。
137. 《法兰西内战》1871 年俄文版

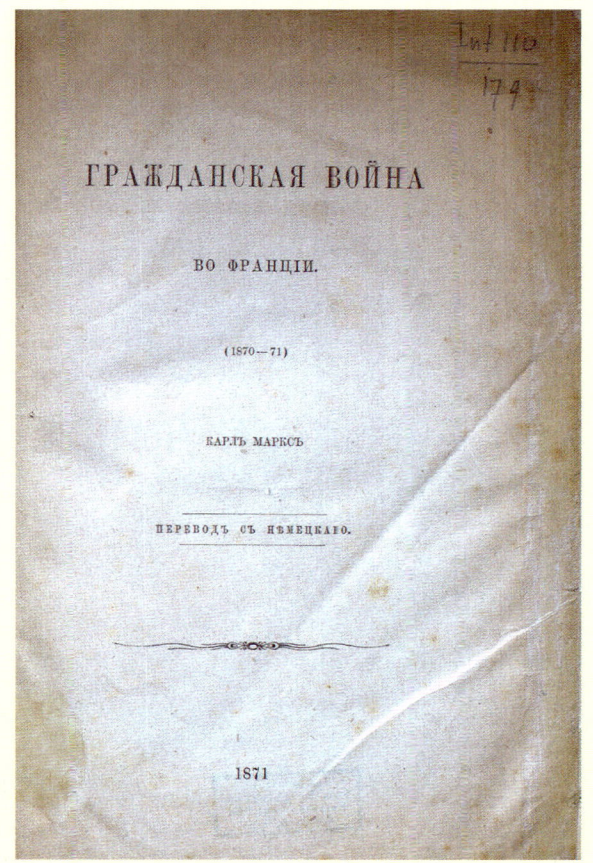

138. **公社流亡者在伦敦的避难所**（铜版画） 曹剑峰

　　马克思和恩格斯非常关心巴黎公社社员的处境。他们想方设法营救尚未脱险的公社社员，为他们办护照、筹路费，并且在伦敦组织公社流亡者委员会，为流亡者安排食宿，谋求职业。公社流亡者把马克思的家看作可以得到温暖的"避难所"。

139. **伦敦受威胁最大的人**（水粉画） 陈衍宁

　　马克思和国际工人协会对巴黎公社的支持招致反对势力的敌视，《法兰西内战》的发表更引起了资产阶级舆论的疯狂叫嚣。反动势力不仅攻击、污蔑马克思，还派暗探跟踪盯梢，监视马克思的行动。

138

第四篇 国际工人协会的灵魂和领袖

四、第一国际反对巴枯宁主义的斗争

140. **在伦敦代表会议上**（油画） 李台还

公社失败后，以巴枯宁为首的无政府主义分子对国际工人协会的团结造成严重威胁。马克思领导国际工人协会同他们进行了一系列坚决的斗争。1871年9月17—23日，国际工人协会在伦敦举行秘密代表会议，讨论在新形势下工人阶级的政治行动问题。马克思和恩格斯批判了关于放弃政治行动的无政府主义观点，阐明了无产阶级建立独立政党的必要性。在他们的努力下，会议通过了无产阶级必须建立独立政党的决议。

第四篇 国际工人协会的灵魂和领袖

> 至于我个人，我将继续自己的事业，为创立这种对未来具有如此良好作用的所有工人的团结而不倦地努力。不，我不会退出国际，我将一如既往，把自己的余生贡献出来，争取我们深信迟早会导致无产阶级在全世界统治的那种社会思想的胜利。
>
> ——马克思

141. 国际工人协会伦敦代表会议后，巴枯宁分子加紧进行分裂活动。马克思和恩格斯写了《所谓国际内部的分裂》一文，揭露巴枯宁分子的真正目的及其分裂工人运动的宗派活动。
142. 1872年6月18日国际总委员会会议记录的一页，上面记有马克思关于下次会议讨论海牙代表大会筹备工作的建议。

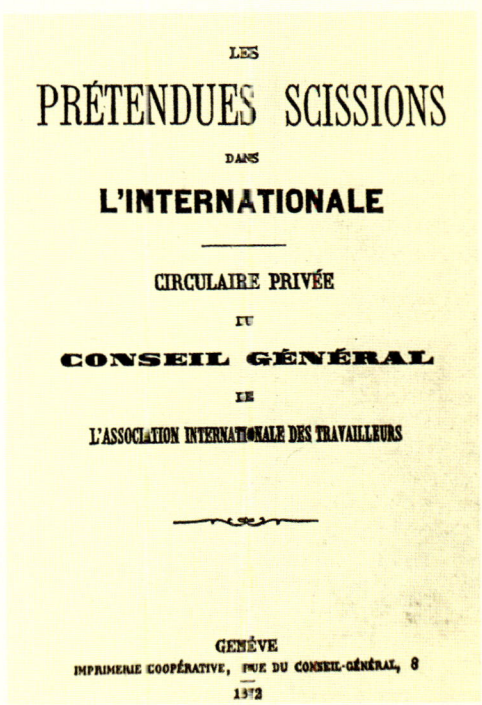

143. 抵达海牙（中国画） 马振声

　　1872年9月1日，马克思和恩格斯一起来到海牙参加国际工人协会代表大会。马克思代表总委员会作了工作报告，恩格斯向大会提交了揭露巴枯宁派的报告。他们在会上捍卫无产阶级的党性原则，反对小资产阶级宗派主义。在他们的坚持下，大会决定把关于建立工人阶级独立政党的决议写进国际的章程，并且扩大总委员会的权力。

第四篇　国际工人协会的灵魂和领袖

144. 1872 年 7 月 28 日国际工人协会纽约德国人第一支部发给马克思出席海牙代表大会的委托书
145. 1872 年在伦敦出版的海牙代表大会决议单行本

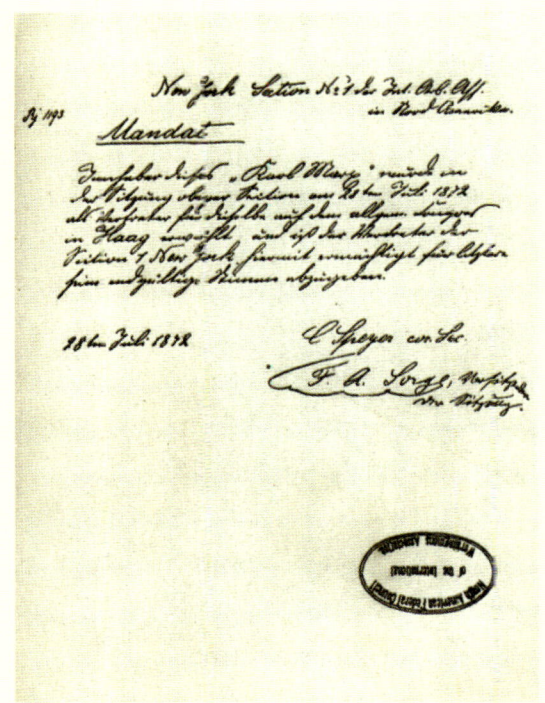

144

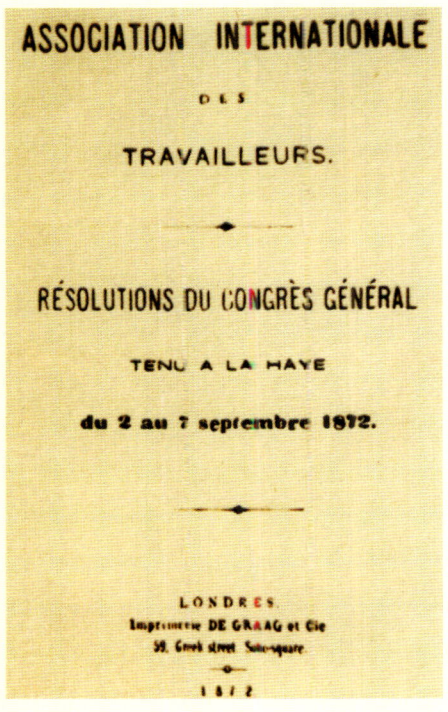

145

马克思的壮丽人生——真理的力量：纪念马克思诞辰 200 周年主题展览

146."公社原则永存！"（中国画） 王为政

147. 欧仁·鲍狄埃（1816—1887），巴黎公社遭到镇压后不久，幸存的公社社员、工人诗人鲍狄埃创作了《国际歌》。

148. 《国际歌》歌词原稿
149. 1888年6月法国工人狄盖特为《国际歌》谱写了曲子，同年7月23日，由作曲者领导的合唱团"工人的里拉"在里尔的售报工人集会上首次演唱。从此这首歌被译成多种语言传遍世界，成为全世界无产者和被压迫人民的战斗歌曲。

第五篇

奋斗不息的最后十年

马克思在他生命的最后十年饱受多种疾病的困扰，但仍以惊人的毅力投身无产阶级解放事业，积极指导欧美国家无产阶级政党的思想建设和组织建设，撰写了《哥达纲领批判》，支持恩格斯撰写《反杜林论》，批判德国党内出现的错误思想倾向。他帮助法国工人党制定纲领，继续从事《资本论》第二、三卷的创作和政治经济学研究，密切关注俄国和东方经济社会相对落后国家的前途和命运。为此，马克思详细研究俄国农村公社的历史和现状，深入分析东方国家的经济和文化特征，并对俄国革命的发展前景作了科学预测。在这一时期，他广泛研读了世界史和人类史著作，热情关注自然科学的最新成果，写下了大量具有重要理论价值的笔记。1883年3月14日，马克思逝世。

马克思的壮丽人生——真理的力量：纪念马克思诞辰 200 周年主题展览

一、指导欧美国家的无产阶级政党

150. **批判哥达纲领草案**（中国画） 鸥洋、杨之光

    1875 年 2 月，德国社会民主工党（爱森纳赫派）和全德工人联合会（拉萨尔派）在哥达召开合并预备会议，并拟定了纲领草案。马克思抱病写了《德国工人党纲领批注》（后来通称《哥达纲领批判》），对纲领草案中的拉萨尔主义观点进行了尖锐的批判。

151. **欢宴德国同志**（中国画） 王庆明、甘正伦

    1880 年底，奥古斯特·倍倍尔等德国工人运动活动家先后来到伦敦，同马克思、恩格斯商讨党的事务和党报的工作，受到马克思一家的热情接待。

150

第五篇 奋斗不息的最后十年

151

152. 奥古斯特·倍倍尔（1840—1913），国际工人运动活动家，德国社会民主工党创始人和领导人之一

153. 发表在《新时代》1890—1891年第9卷第1册第18期上的《哥达纲领批判》的一页

154. 1879年10月，法国工人社会主义者代表大会在马赛举行，会上通过了关于建立独立的工人阶级政党的决议。以茹尔·盖得为首的法国社会主义者决定，通过保尔·拉法格请求马克思和恩格斯帮助制定党的竞选纲领。1880年5月，马克思向茹尔·盖得口授了纲领的理论部分《法国工人党纲领导言（草案）》。图为潘鸿海的作品《帮助法国工人党制定纲领》（素描）。

第五篇 奋斗不息的最后十年

155

156

155.《哥达纲领批判》多种外文版本
156.《反杜林论》1894年德文版

157. 马克思《评杜林〈国民经济学批判史〉》手稿的一页。19世纪70年代中期,德国小资产阶级社会主义者杜林的思想在德国社会主义工人党内广泛传播,给社会主义运动带来了严重危害。马克思和恩格斯认为必须肃清杜林思想的影响。恩格斯花了两年时间写成《欧根·杜林先生在科学中实行的变革》(简称《反杜林论》)。马克思不仅帮助收集了大量资料,还亲自为《反杜林论》第二编第十章《〈批判史〉论述》撰写了初稿《评杜林〈国民经济学批判史〉》。

158. 马克思和恩格斯1879年9月17—18日给奥·倍倍尔等人通告信的第一页。1878年10月,俾斯麦政府颁布《反社会党人非常法》。德国社会主义工人党被宣布为非法,党内出现了以卡尔·赫希柏格、卡尔·奥古斯特·施拉姆、爱德华·伯恩施坦为代表的右倾机会主义倾向。马克思和恩格斯给德国党的领导人写了一封通告信,批评了赫希柏格等人企图把德国党变成改良主义政党的错误主张,重申无产阶级和资产阶级之间的阶级斗争是"历史的直接动力"和"现代社会变革的巨大杠杆"。

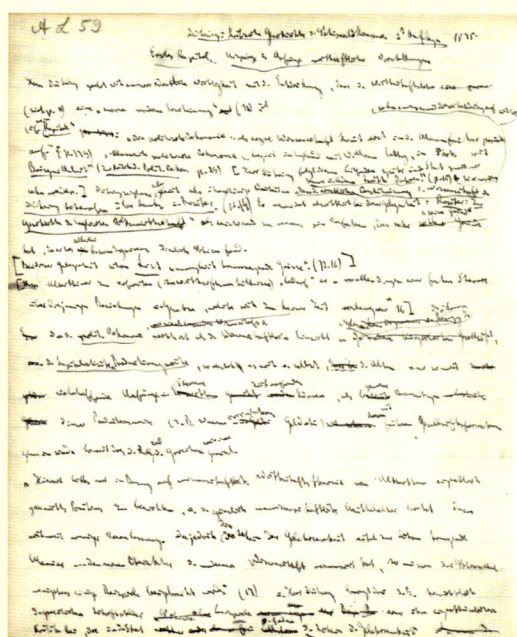

157

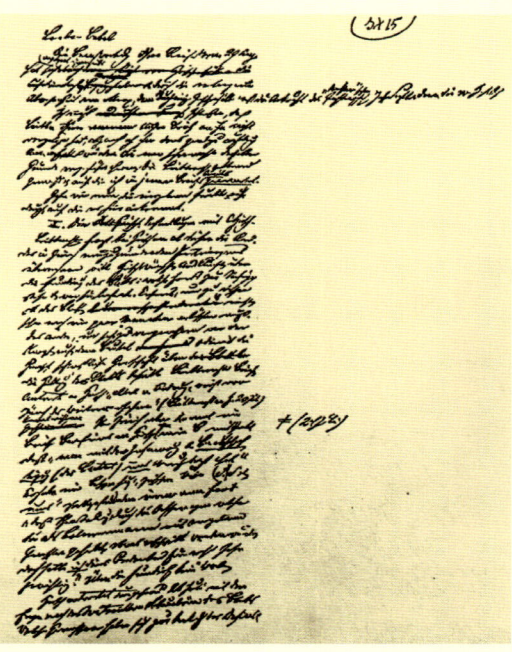

158

159. 载有马克思《法国工人党纲领导言（草案）》的 1880 年 6 月 30 日《平等报》第 24 号
160. 茹尔·盖得（1845—1922），法国工人运动领袖和国际工人运动活动家

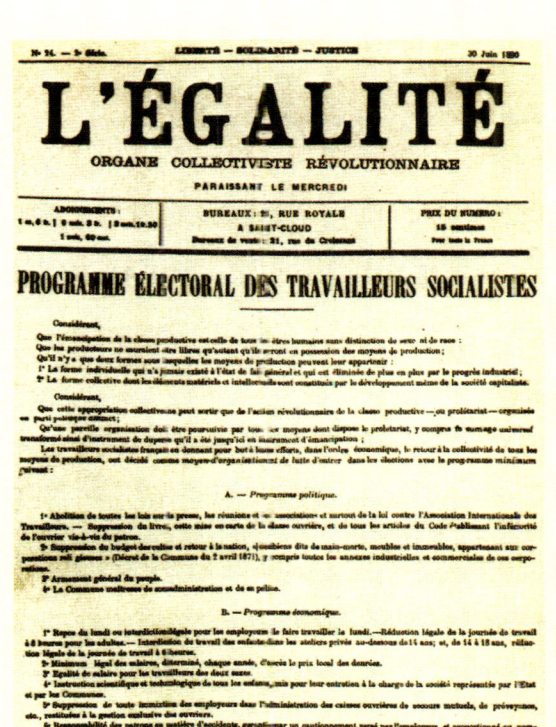

二、关注俄国和东方经济社会发展落后国家的发展道路

161. **马克思与数学**（油画） 高虹

马克思对数学和自然科学始终保持着浓厚兴趣,经常对数学、化学和物理学问题进行研究。

162. 马克思关于剩余价值率和利润率的数学计算（1875年）的手稿。在生命的最后十年，马克思继续在政治经济学和其他许多领域进行广泛研究，写作《资本论》第2卷和第3卷，留下了大量的手稿。

163. 这是马克思写在标明"开始于1876年2月中旬"的笔记本中的一份关于地租的手稿的一页。恩格斯后来在编辑《资本论》第3卷时，把这页手稿编为第44章《最坏耕地也有级差地租》的结尾部分。

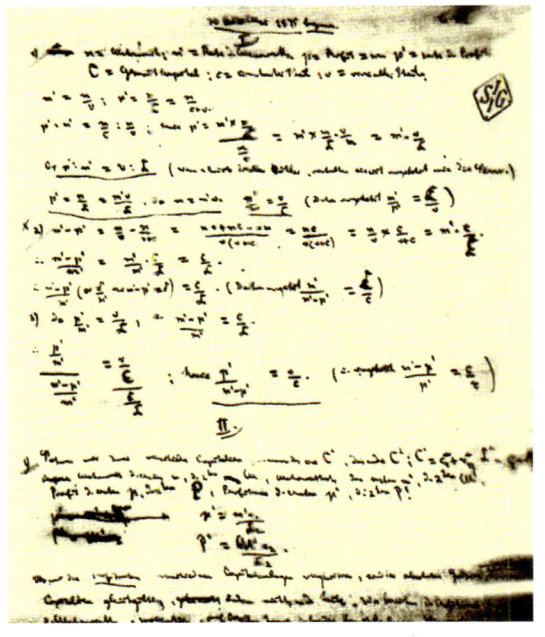

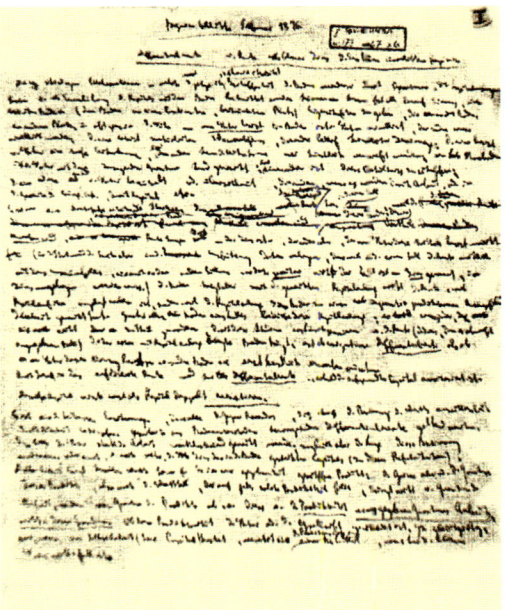

164. 马克思在 1881 年写的《我的藏书中的俄国书籍》中列出了 150 多本论述俄国 1861 年改革后的社会经济和政治发展情况的俄国书籍。手稿大部分用俄文写成,此外还使用了德文、英文和法文。

第五篇 奋斗不息的最后十年

165. 马克思写给俄国《祖国纪事》杂志编辑部的信的一页,马克思晚年十分关注俄国和东方经济文化相对落后国家的发展道路。他同俄国的革命家和学者保持着密切的通信联系,经常探讨农奴制改革后俄国的发展方向和革命的前景等问题。1877年10月至11月,马克思写信给俄国《祖国纪事》杂志编辑部,就《卡尔·马克思在尤·茹科夫斯基先生的法庭上》答复作者。马克思在信中指出,他坚决反对别人把他在《资本论》中关于西欧资本主义起源的历史概述变成一般发展道路的历史哲学理论,指出这样做"会给我过多的荣誉,司时也会给我过多的侮辱"。

166. 马克思1881年致查苏利奇的信(初稿第3页)

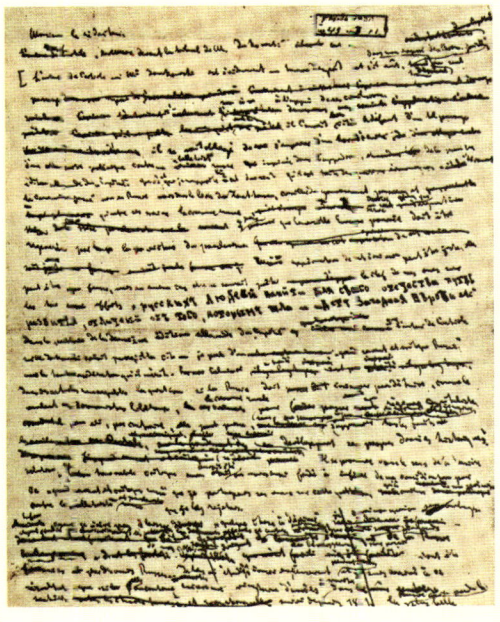

165　　　　　　　　166

167. 马克思一生在历史学研究中，写了不少编年史摘录。1881年底至1882年底，马克思作了最后一部编年摘录，通称《历史学笔记》。笔记内容丰富，涉及的主题有：封建制度的瓦解；资本主义发展时间的现代民族国家的起源；资产阶级为确立自己的统治所进行的斗争；与这一时期欧洲历史有关联的一些亚洲和非洲国家的历史。

四、辞世

这两个伟大的发现——唯物主义历史观和通过剩余价值揭开资本主义生产的秘密,都应当归功于马克思。由于这些发现,社会主义变成了科学,现在首先要做的是对这门科学的一切细节和联系作进一步的探讨。

——恩格斯

现在他逝世了,在整个欧洲和美洲,从西伯利亚矿井到加利福尼亚,千百万革命战友无不对他表示尊敬、爱戴和悼念。而我可以大胆地说:他可能有过许多敌人,但未必有一个私敌。

他的英名和事业将永垂不朽!

——恩格斯

168. 三月十四日(油画) 艾中信

1883 年 3 月 14 日下午两点三刻,国际无产阶级的革命导师马克思在工作室的座椅上与世长辞。

马克思的壮丽人生——真理的力量：纪念马克思诞辰200周年主题展览

169

170　　　　　　　　　　　　　171

第五篇 奋斗不息的最后十年

169. 马克思的死亡证书
170. 1883年3月15日，德国社会民主党中央机关报《社会民主党人报》刊登的马克思逝世的讣告。
171. 1883年3月17日，马克思的葬仪在伦敦海格特公墓举行。恩格斯在墓前发表了讲话，高度评价了马克思作为科学家和革命家的光辉一生。图为恩格斯写的马克思墓前悼词的草稿。
172. 茹科夫创作的《他的英名和事业将永垂不朽！》（素描）

173. **简朴的葬仪**（丙烯画） 何孔德

1883年3月17日，马克思的葬礼在伦敦海格特公墓举行。遵照逝者的遗愿，葬礼非常简朴，除亲属外，只有几位老朋友参加。

第六篇

光辉永存的高尚情操

马克思留给人类的宝贵遗产，不仅有科学的理论，还有崇高的风范。他从青年开始，毅然舍弃舒适安定的生活，选择充满艰难险阻的革命道路。面对反动势力驱逐、生活贫困、疾病缠身和家庭不幸，他始终保持高昂的斗志和蓬勃的勇气，矢志不渝地为坚持真理而斗争。他的高尚品格和广阔胸襟使一代又一代追求真理的人们深受启迪、备受鼓舞。

马克思的壮丽人生——真理的力量：纪念马克思诞辰 200 周年主题展览

一、辗转奋斗

174. **被驱逐出巴黎**（油画） 罗尔纯

马克思在巴黎出版的德文报《前进报》上著文抨击反动制度，高度评价西里西亚织工起义，引起了德、法反动势力的仇视。潜伏在巴黎的普鲁士间谍警告法国政府当局，声称马克思言论可能带来的危害。1845 年 1 月，法国政府下令驱逐马克思。

第六篇 光辉永存的高尚情操

175.面对反动势力一次又一次的驱逐、通缉、构陷、监禁和利诱,马克思没有动摇他的信念,反而更加矢志不渝地为坚持真理而斗争。图为茹科夫创作的《马克思在布鲁塞尔被捕》(素描)。

176.《新莱茵报》停刊后,马克思和恩格斯辗转各地从事革命活动。1849年6月初,马克思到达巴黎。1849年8月16日巴黎当局下达驱逐令。图为巴黎警察当局驱逐马克思的命令。

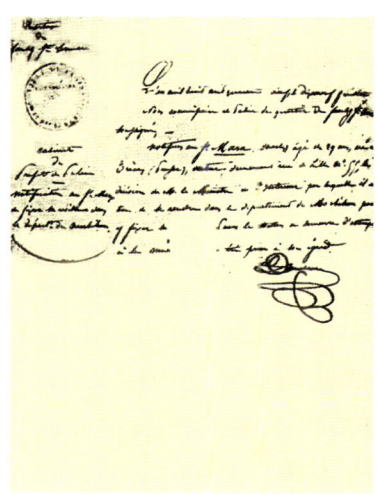

177. 1849年8月23日,马克思写信告诉恩格斯,他已被法国政府驱逐,正打算前往英国伦敦,并在那里创办德文杂志。马克思十分关心恩格斯的安危,希望他立即前往伦敦。
178. 1849年8月24日法国政府签发的马克思的旅行护照

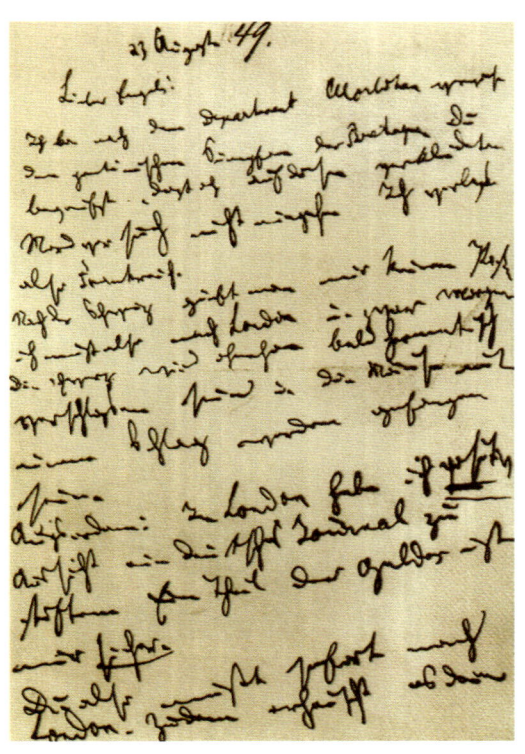

177

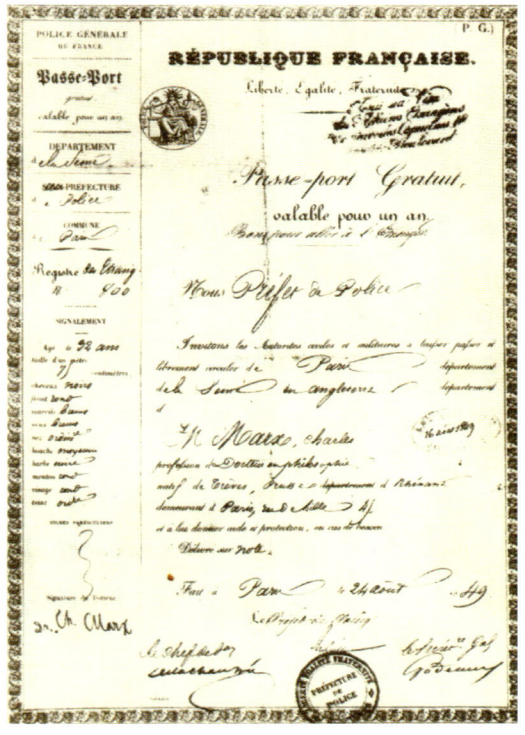

178

二、革命伴侣

请你收下这些诗笺,我怀着真情把它们奉献,诗中回荡着铿锵激越的琴声,诗中映射出自由的心灵火焰。

——马克思

你的形象矗立在我面前,是那样光辉,充满着胜利的力量,我的心渴望着时刻跟你在一起,每当想到要再见到你,我便欣喜若狂,这颗心担忧地到处追随你。

——燕 妮

179. 19 世纪 30 年代燕妮的画像

180. 青年马克思画像

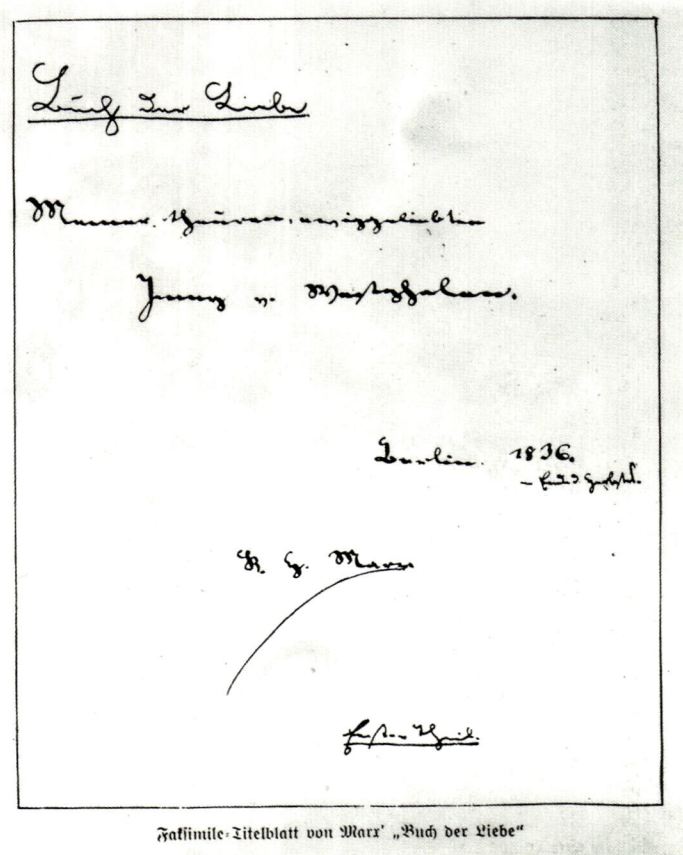

181. 马克思献给未婚妻燕妮的诗集《爱之书》

182. 1932年上海长城书店出版的《马克思底诗》

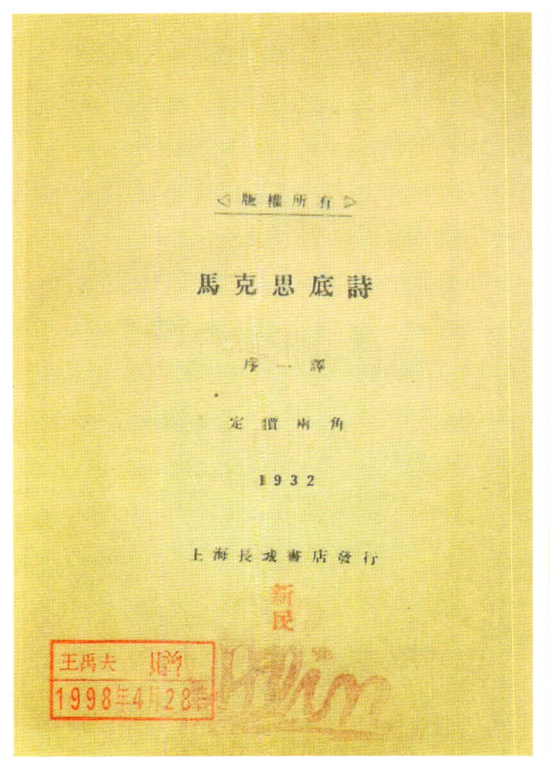
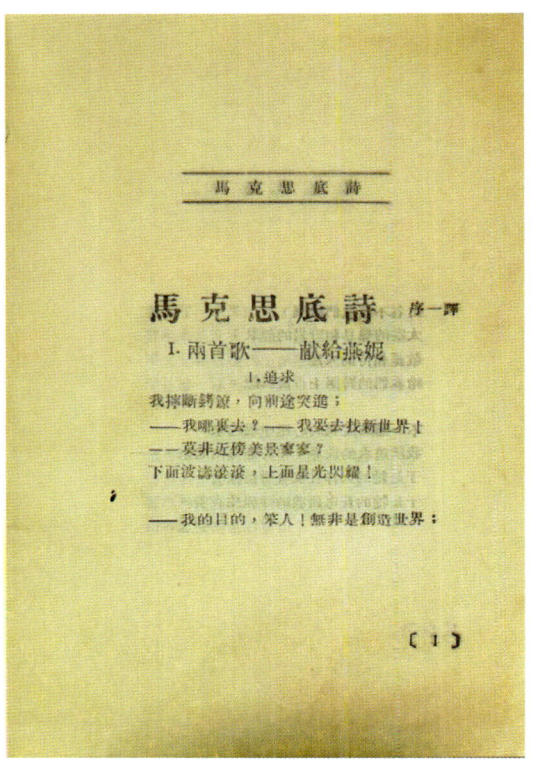

马克思的壮丽人生——真理的力量:纪念马克思诞辰 200 周年主题展览

183. **忠贞的爱情**（水粉画） 张文新

马克思原打算在柏林大学毕业后与燕妮结婚，但由于放弃了去大学执教的计划，加上父亲去世后家庭经济状况不佳，不得不推迟婚期。1843年5月他来到莱茵省的小镇克罗伊茨纳赫，当时燕妮和她的母亲住在这里，6月19日，马克思和燕妮举行了婚礼，两人在这里度过了几个月的新婚生活。

184. **逼债**（油画） 朱乃正

19世纪50年代，黑暗的反动势力统治着欧洲。马克思一家流亡伦敦，没有固定收入，生活极其艰难，有时甚至连订报纸、买邮票和信纸的钱都没有。但是这一切丝毫没有改变马克思坚定不移的革命信念和豁达开朗的乐观精神。

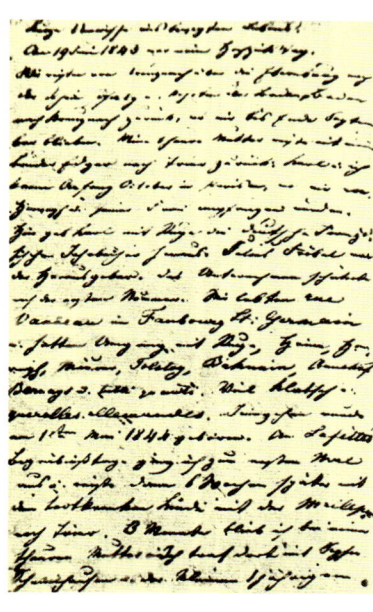

185. 燕妮1865年写的《动荡生活简记》叙述了她和马克思从1843年6月结婚至1864年这一段经历。
186. 马克思（摄于1866年3月底）
187. 马克思的夫人燕妮·马克思（摄于1864年）
188. **在阿让特伊**（丙烯画） 尚沪生

    1881年7月，马克思陪同患病的妻子燕妮到巴黎附近的阿让特伊作短期休养。马克思家的女佣和忠实朋友德穆特陪伴前往。

第六篇 光辉永存的高尚情操

马克思的壮丽人生——真理的力量:纪念马克思诞辰 200 周年主题展览

189. 晚年马克思(摄于 1882 年)

190. 晚年燕妮·马克思

三、和睦的一家人

191. 亲如一家〔木刻〕 李以泰

恩格斯是马克思志同道合的战友,也是马克思一家人的亲密朋友。在最困难的时刻,他始终给马克思一家提供真诚无私的帮助。

192. 马克思夫人燕妮的父亲，路德维希·冯·威斯特华伦（1770—1842），特里尔的枢密顾问
193. 马克思夫人燕妮的母亲，卡罗琳·冯·威斯特华伦（1780—1856）

192

193

第六篇 光辉永存的高尚情操

194. 马克思的大女儿也叫燕妮,这是父女俩1866年3月底的合影。
195. 马克思、恩格斯和马克思的三个女儿燕妮、劳拉和爱琳娜的合影

196. 马克思的大女儿燕妮·马克思（1844—1883）
197. 马克思的二女儿劳拉·马克思（1845—1911）
198. 马克思的小女儿爱琳娜·马克思（1855—1898）
199. **郊游**（中国画） 王明明

196

197

198

第六篇 光辉永存的高尚情操

200. 燕妮·龙格与沙尔·龙格，二人于1872年10月10日举行婚礼。
201. 燕妮·龙格
202. 沙尔·龙格（1839—1903），马克思的大女婿
203. 燕妮·龙格与沙尔·龙格的儿子让·龙格

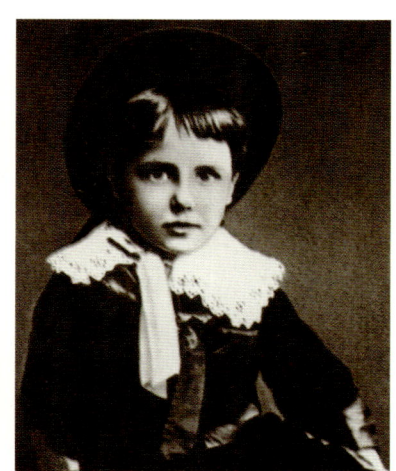

204. 马克思的二女儿劳拉·拉法格
205. 保尔·拉法格（1842—1911），马克思的二女婿
206. 劳拉和拉法格的儿子，马克思的第一个外孙沙尔·埃蒂耶纳·拉法格（1868—1872）

204

205

206

207. 马克思的小女儿爱琳娜
208. 爱琳娜的伴侣爱德华·艾威林（1851—1898）

207

208

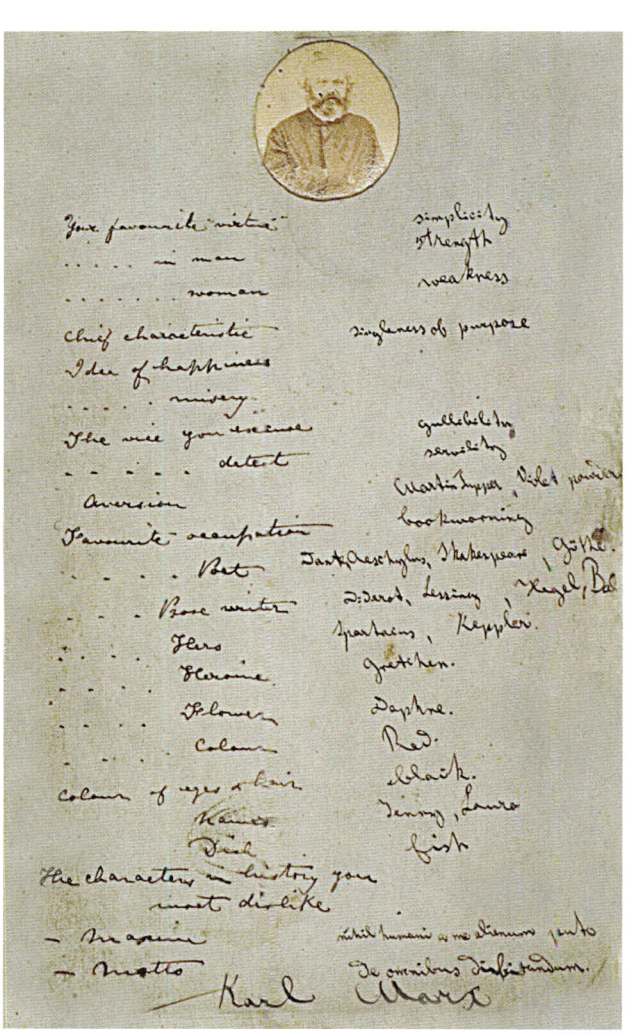

209. 马克思的《自白》

您喜爱的优点……淳朴
男人的优点……刚强
女人的优点……柔弱
您的特点……目标始终如一
您对幸福的理解……（空白）
您对不幸的理解……（空白）
您能原谅的缺点……轻信
您厌恶的缺点……逢迎
您讨厌的……马丁·塔珀、堇菜粉
您喜欢做的事……啃书本
您喜爱的诗人……但丁、埃斯库罗斯、莎士比亚、歌德
您喜爱的著作家……狄德罗、莱辛、黑格尔、巴尔扎克
您喜爱的男英雄……斯巴达克、开普勒
您喜爱的女英雄……甘泪卿
您喜爱的花……瑞香
您喜爱的颜色……红色
您喜爱的眼睛和头发的颜色……黑色
您喜爱的名字……燕妮、劳拉
您喜爱的菜……鱼
您厌恶的历史人物……（空白）
您喜爱的座右铭……人所具有的我都具有
您喜爱的格言……怀疑一切

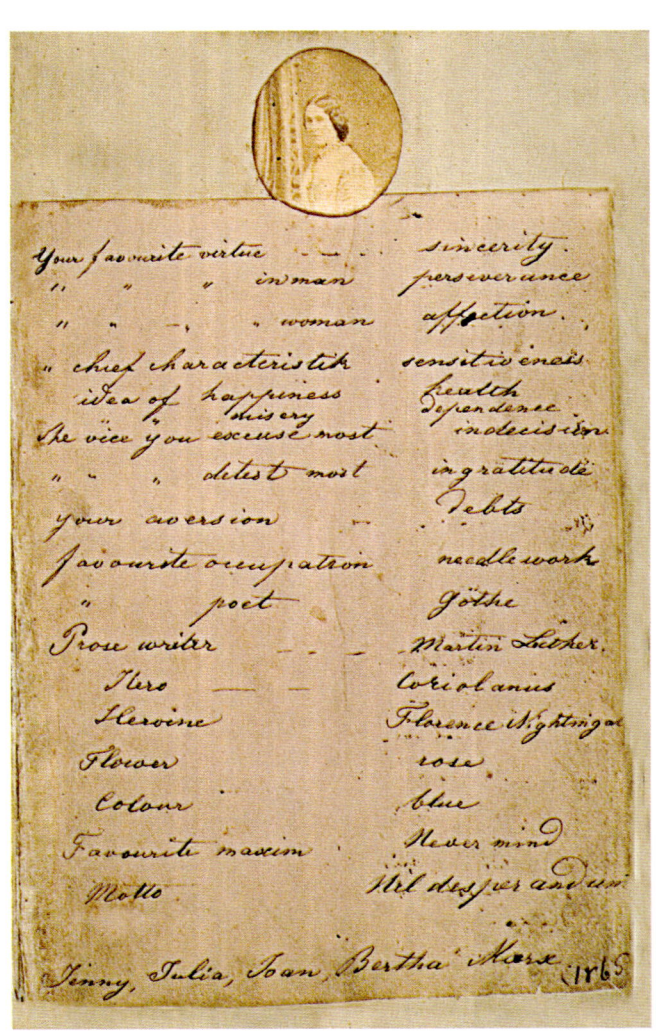

210. 马克思的夫人燕妮的《自白》

您喜爱的优点……真诚
男人的优点……坚定
女人的优点……热忱
您的特点……感觉敏锐
您对幸福的理解……健康
您对不幸的理解……依附别人
您能原谅的缺点……犹豫不决
您厌恶的缺点……忘恩负义
您讨厌的……债务
您喜欢做的事……缝纫
您喜爱的诗人……歌德
您喜爱的著作家……马丁·路德
您喜爱的男英雄……科里奥兰努斯
您喜爱的女英雄……弗洛伦斯·南丁格尔
您喜爱的花……玫瑰
您喜爱的颜色……蓝色
您喜爱的座右铭……纵有万难，处之泰然
您喜爱的格言……永不绝望

211. 马克思的女儿燕妮的《自白》

我喜爱的优点……博爱
男人的优点……见义勇为
女人的优点……忠诚
我对幸福的理解……爱
我对不幸的理解……（回答被涂抹掉）
我厌恶的缺点……嫉妒
我能原谅的缺点……轻信
我讨厌的……偏见
我最不喜欢的历史人物……波拿巴和他的侄儿
我喜爱的诗人……莎士比亚
我喜爱的英雄……格拉古
我喜爱的花……百合花
我喜爱的颜色……红色
我喜爱的座右铭……"对你自己忠实"
我喜爱的格言……循此苦旅，以达天际

四、伟大的友谊

> 他们的关系超过了古人关于人类友谊的一切最动人的传说。
> ——列宁

第六篇 光辉永存的高尚情操

212. **马克思和恩格斯在一起**〔油画〕 高泉

1870年9月20日，恩格斯从曼彻斯特移居伦敦，住在离马克思家不远的瑞琴特公园路，从此两人朝夕相处。恩格斯移居伦敦以后，在马克思的提议下，被选入国际总委员会，并先后担任多个国家的通讯书记。这时的国际工人协会，已经成为欧洲政治舞台上举足轻重的力量。恩格斯凭借卓越的理论素养、丰富的实践经验和非凡的语言才能，成为马克思最得力的助手。

213. **在恩格斯家做客**〔工笔画〕 杨刚

214. **海涅在马克思家做客**（中国画） 沈蓉尔

　　马克思寓居巴黎期间，经常同工人运动活动家和社会主义著作家来往，著名革命诗人亨利希·海涅也是马克思家的常客之一。海涅经常征求马克思对自己作品的意见，得到马克思的启发和帮助。

215. 对弈（素描）张文新

在工作之余,马克思经常与友人对弈。威廉·李卜克内西曾回忆马克思:"他很喜欢下象棋。""他下得很用心,有时候就展开猛烈的和出其不意的进攻……"

216. **与诗人聚会**（油画） 潘世勋

1855年秋，马克思到曼彻斯特恩格斯家做客。11月，诗人格奥尔格·维尔特在欧洲大陆长期旅行后也来到曼彻斯特，三位老战友欢聚一堂，维尔特兴致勃勃地向马克思和恩格斯讲述旅途见闻。

217. **探望亲密战友**（油画） 李天祥、赵友萍

　　威廉·沃尔弗是马克思、恩格斯的亲密朋友。马克思在写作《资本论》期间，曾专程探望重病中的沃尔弗。马克思把《资本论》第1卷献给自己的亲密战友沃尔弗，在《资本论》第1卷中印有马克思的献辞："献给我难以忘怀的朋友，勇敢的忠实的高尚的无产阶级战士，威廉·沃尔弗。"

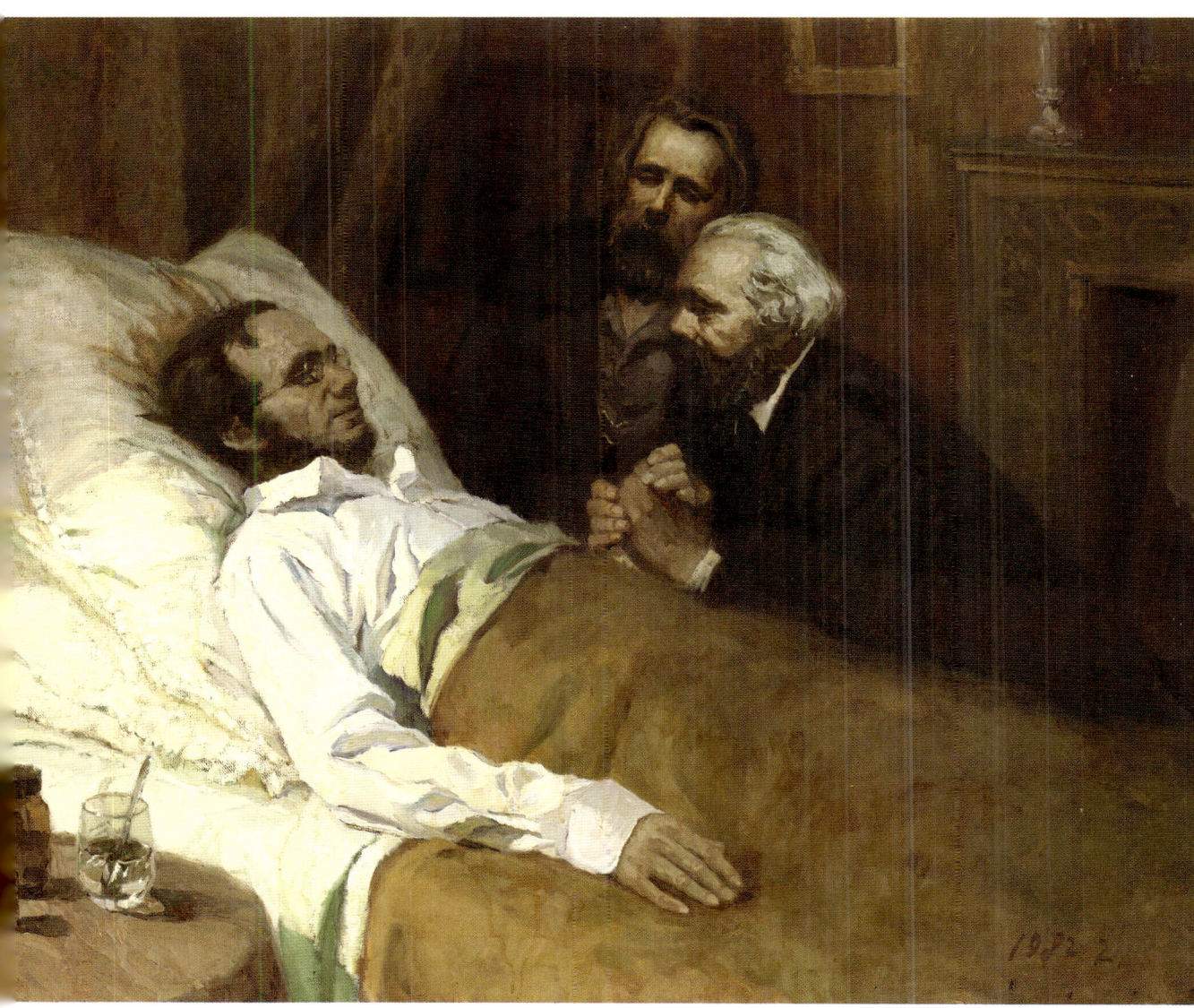

218. 马克思与肖莱马一八六八年在伦敦（中国画） 韩国臻

马克思非常关心自然科学的最新进展，他经常同著名化学家卡尔·肖莱马讨论问题。1868年5月中旬，肖莱马去伦敦参加英国皇家学术会议时，专门探望了马克思。

五、马克思恩格斯列宁珍贵手稿

219.《〈德法年鉴〉办刊方案》，马克思大约写于1843年10月中至1844年2月底，他在阐明杂志的任务时表明了自己的思想倾向。（荷兰阿姆斯特丹国际社会史研究所收藏）

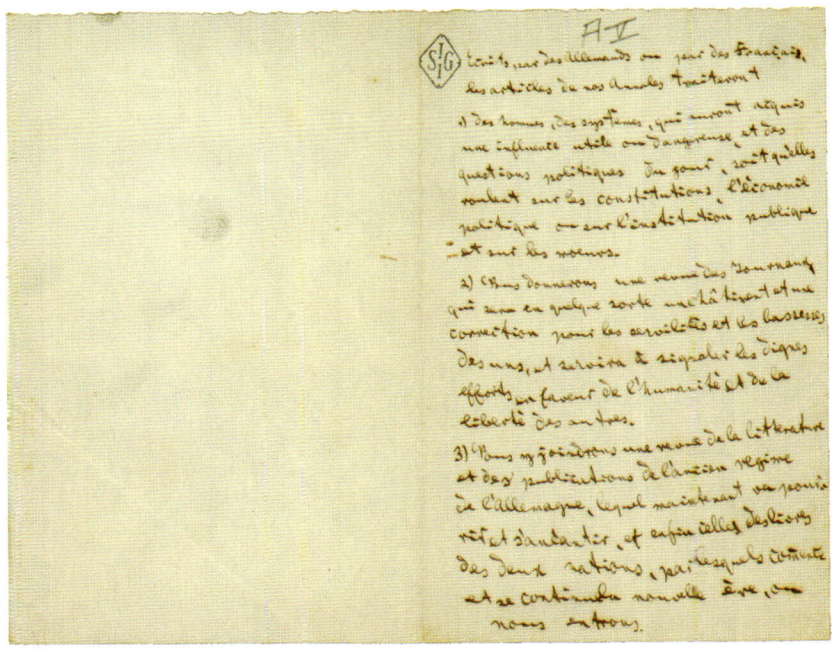

1843年初春，马克思打算同青年黑格尔分子、曾先后主办过《哈雷年鉴》和《德国年鉴》的阿·卢格共同出版一份新杂志《德法年鉴》作为德法两国民主主义者的刊物。1843年5月底，马克思赴德累斯顿会见卢格，商谈有关未来杂志的方针问题。

220. 《伦敦笔记》是马克思在政治经济学研究的过程中于1850年9月至1853年8月间写下的。（中央党史和文献研究院图书馆收藏）

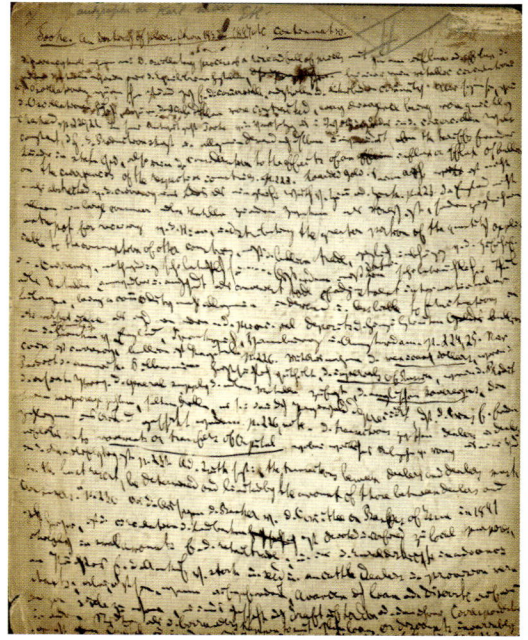 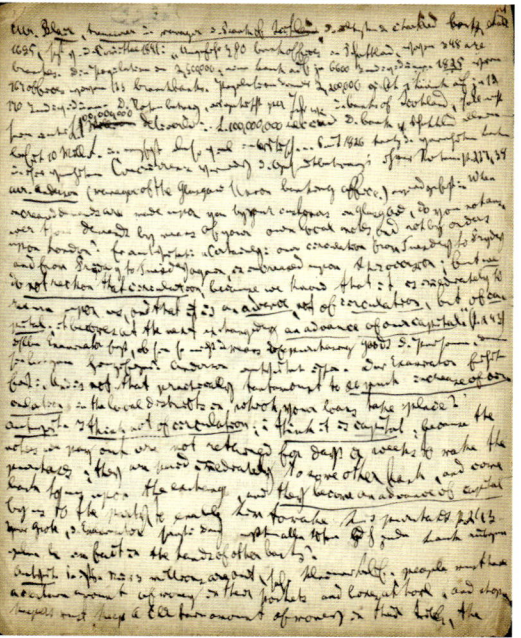

马克思在《伦敦笔记》笔记本 II 头两页上摘录的是托马斯·图克著《1839—1847年价格和流通状况的历史，对通货问题的概述，对维多利亚女王在位32年的第7和第8号法令的后果的评论》（1848年伦敦版）。笔记本 II 的摘录时间为1850年9月中至10月中。

221.《伦敦笔记》两页（私人收藏）

222. 马克思1852年6月11日致信燕妮·马克思，谈及身边形形色色的各种人物。（荷兰阿姆斯特丹国际社会史研究所收藏）

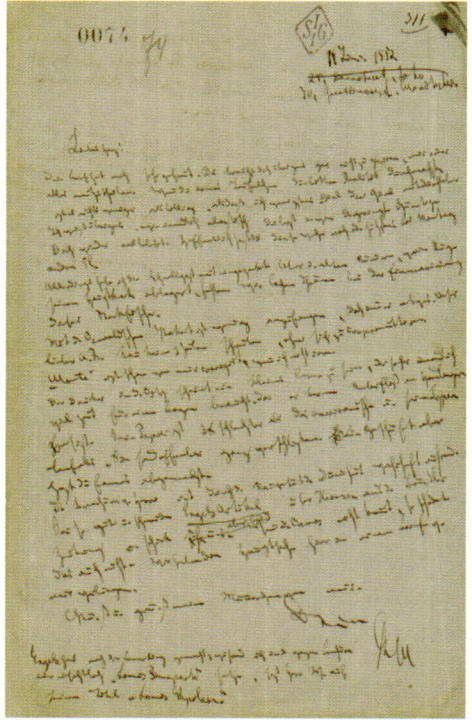
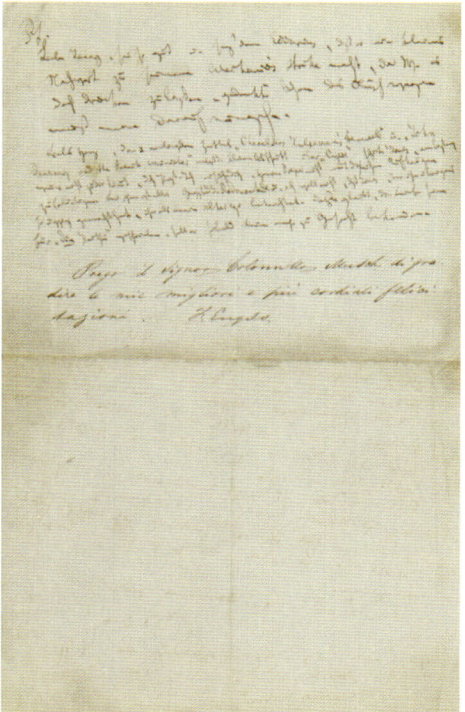

第六篇　光辉永存的高尚情操

223.《马德里的起义。——奥地利—土耳其条约。——摩尔多瓦和瓦拉几亚》是马克思一1854年7月4日根据当时有关马德里起义的报道写下的通讯。（荷兰阿姆斯特丹国际社会史研究所收藏）

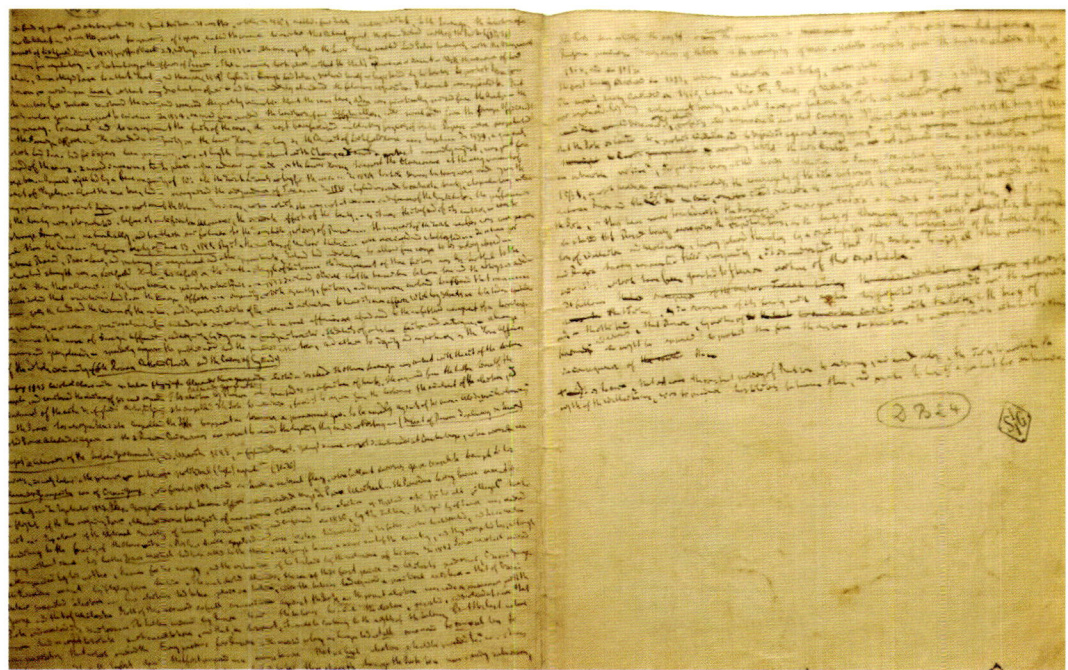

　　马德里爆发的军队起义，新闻媒介对多瑙河战场发生的事件所作的报道以及与之相联系的外交谈判促使马克思撰写了这篇通讯。1854年6月14日奥地利和土耳其签订了奥土条约，7月3日《泰晤士报》全文公布了这一条约的内容，马克思在撰写本文时利用了这份文献，同时还利用了许多有关文献的摘录，尤其是1391年、1460年和1511年三个条约的摘录，这些材料都出自迪·布拉蒂亚诺编纂的《关于多瑙河两公国问题的文件》(1849年伦敦版)。此外，马克思还从1849年在伦敦匿名发表的《俄军在摩尔多瓦和瓦拉几亚》以及他自己的藏书《关于罗马尼亚恢复的历史，或1848年瓦拉几亚事件的回忆》(1851年巴黎版，让·埃利亚德－勒杜莱斯库著)中摘用了一系列资料。

224.《〈政治经济学批判〉（1857—1858年手稿）》未完成的手稿《导言》产生于1857年8月底。这一手稿是马克思为自己计划中的政治经济学巨著而写的，在马克思生前没有发表。（荷兰阿姆斯特丹国际社会历史研究所收藏）

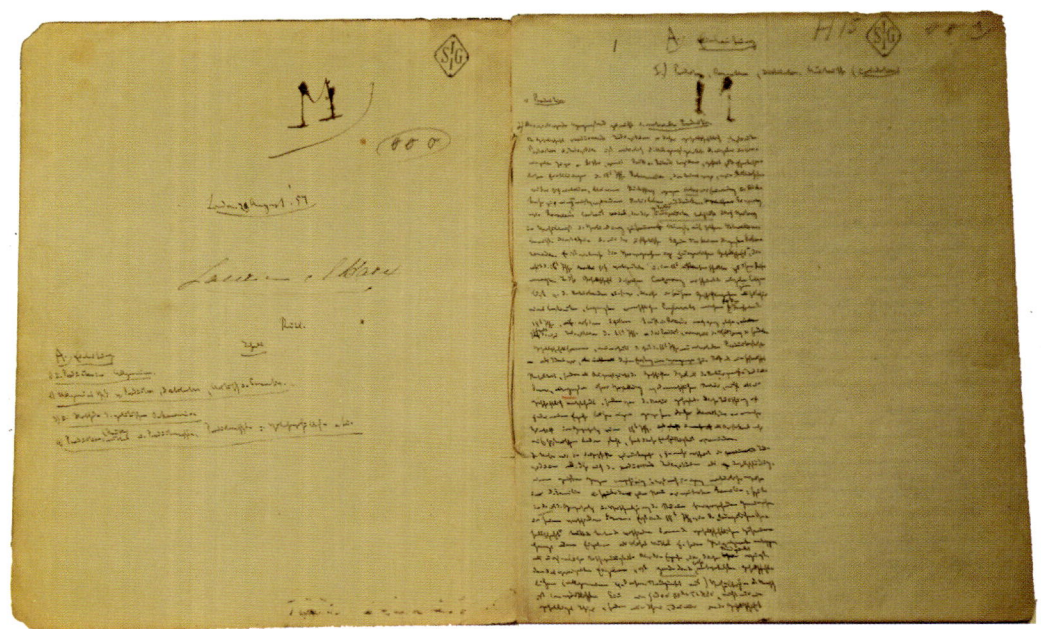

在这篇具有重要科学价值的手稿中，马克思比在任何别的地方都更详细地论述了他关于政治经济学的对象和方法的观点。马克思指出，资产阶级经济学家把生产与分配、交换、消费的内在联系割裂开来和并列起来，认为发生变化的只是分配方式，往往把分配提到首位，把它当作政治经济学的研究对象，并把资本主义说成是历史上永恒的制度。马克思同他们相反，说明生产不是某种抽象的永恒不变的东西，它是由特定的社会历史条件决定的。他阐明了生产、分配、交换、消费的辩证统一和相互作用，指出它们是一个总体的各个环节。他得出结论说，生产不仅是这种统一的出发点，而且是决定因素，而分配形式不过是生产形式的另一种表现。马克思认识到生产是一定社会性质的生产，并把它当作自己的研究对象。

225. 马克思1860年2月3日致信吕西安·若特兰,为自己遭受福格特的污蔑而请求若特兰作证。(私人收藏)

3 February, 1860.
9, Grafton terrace,
Maitlandpark, Haverstockhill
London

My Dear Jottrand,

It is probable that since the long years I had not the pleasure to see you, you have completely forgotten me. I shall now shortly state the case which obliges me to appeal to you.

In consequence of his lawsuit against the "Augsburg Allgemeine Zeitung", Prof. Vogt of Geneva, has published a pamphlet the atrocious calumnies of which against my person oblige me, in the interest of my family and my party, to have recourse to judicial proceedings. Now, since the said individual calumniates my whole past, I call upon you to address me a letter (privately, of course) in which, within the strict limits of truth, you should ascertain the honourable position I occupied at Bruxelles, and the character of the political relations I had the honour to entertain with you and the other representatives of radical opinion, belonging to different nations.

I am sure that you will not refuse the friendly service I expect on your part, and, with the highest consideration, sign myself

Yours family
Dr. Karl Marx

You will oblige me much by forwarding the enclosed letter to Mr. Lelewel, our old friend.

226. 马克思 1862 年 7 月 27 日致信科勒特·多布森·科勒特，请求通过一位议员取得访问议会下院的入场券。（私人收藏）

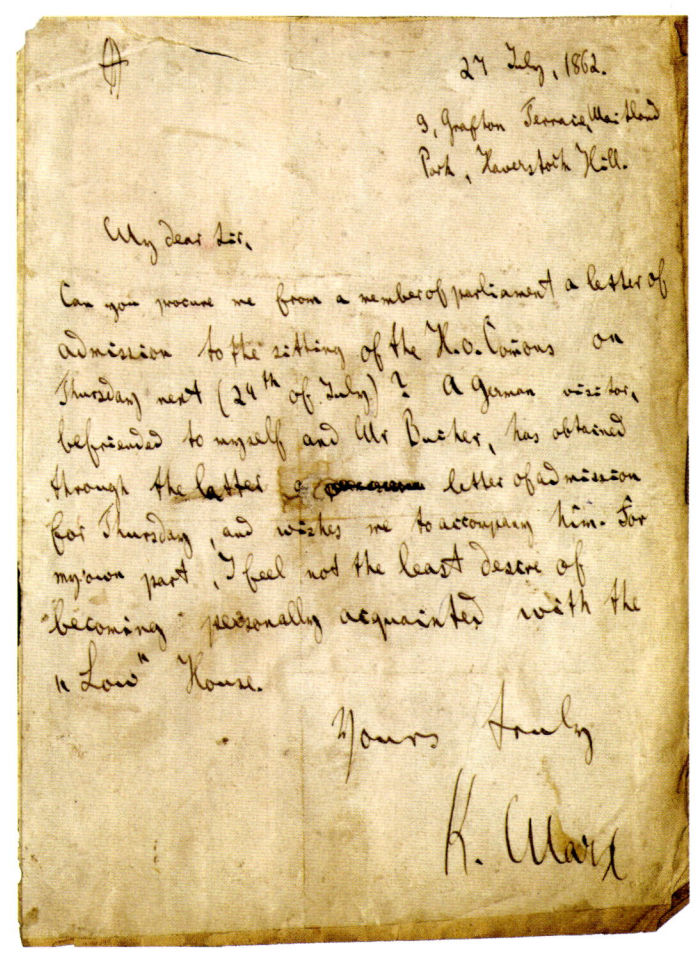

227. 马克思 1863 年 1 月 25 日致信科勒特·多布森·科勒特，论及《纽约每日论坛报》上一篇华盛顿通讯对俄国公使的报导。（中央党史和文献研究院图书馆收藏）

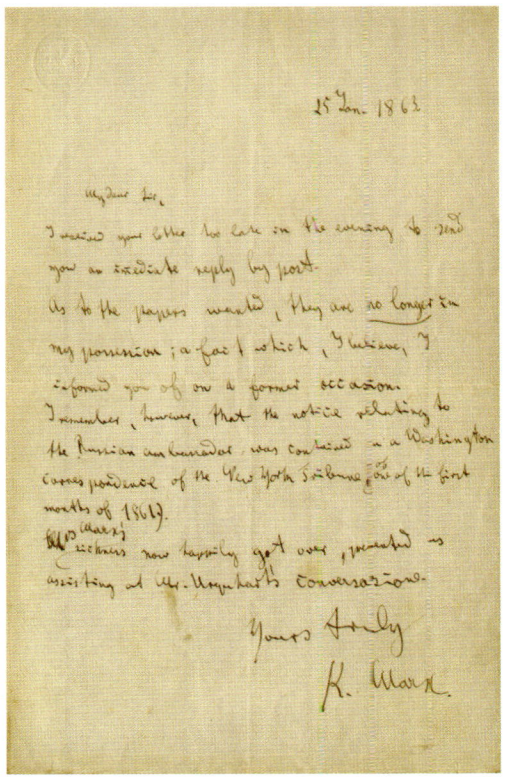

马克思写这封信前一日，即 1 月 24 日，科勒特致信马克思，索取有关俄国派驻华盛顿公使等方面的资料。1861 年初，美国南方各州试图同包括俄国在内的驻华盛顿各外交使节会谈，争取外国承认南方各州脱离联邦。但是，俄国公使倾向于北方各州，并于 1861 年 1 月 21 日致信俄国外交部，主张林肯是合法的民选总统，美国的统一符合俄国的政治利益。科勒特向马克思索取有关资料，想必是为《自由新闻》（后更名《外交评论》）撰写文章作考虑。

《纽约每日论坛报》（New-York Daily Tribune）系美国的一家日报，1841 年 4 月 10 日—1924 年在纽约出版。自 1841 年 9 月起，除日报外，该报还出每周版《纽约每周论坛报》（New-York Weekly Tribune）。不迟于 1845 年，该报还出版半周版《半周论坛报》（Semi-Weekly Tribune）。1853 年 5 月起，《半周论坛报》改名为《纽约半周论坛报》（New-York Semi-Weekly Tribune）。19 世纪 50 年代中期以前，该报是美国辉格党左翼的机关报，后来是共和党的机关报。40—50 年代，该报站在进步的立场上反对奴隶制。自 1851 年 8 月起，马克思和恩格斯开始为该报供稿，一直到 1862 年 3 月，持续十余年。马克思为《纽约每日论坛报》提供的文章，很大一部分是他约请恩格斯写的。美国内战爆发后，编辑部内主张同各蓄奴州妥协的势力加强，报纸离开进步立场，马克思和恩格斯遂停止撰稿并与报纸断绝关系。

228. 《美国炮兵部队见闻》一文恩格斯写于 1863 年 9 月底参观利物浦港之际。该文论述军事技术的发展对战争带来的影响，但该文在恩格斯生前没有发表。（德国恩格斯故居博物馆收藏）

　　恩格斯一向关心军事问题，一生写下多篇论述军事问题的文章。当时正值德国在统一过程中面临同丹麦的战争，恩格斯在这一背景下写下《美国炮兵部队见闻》一文。该文恩格斯写于 1863 年 9 月底，但在恩格斯生前一直没有发表。

229. 燕妮·马克思1864年8月1日致信卡尔·马克思及三位女儿。她在信中表达了对马克思身体的关心和对家人的思念。（荷兰阿姆斯特丹国际社会历史研究所收藏）

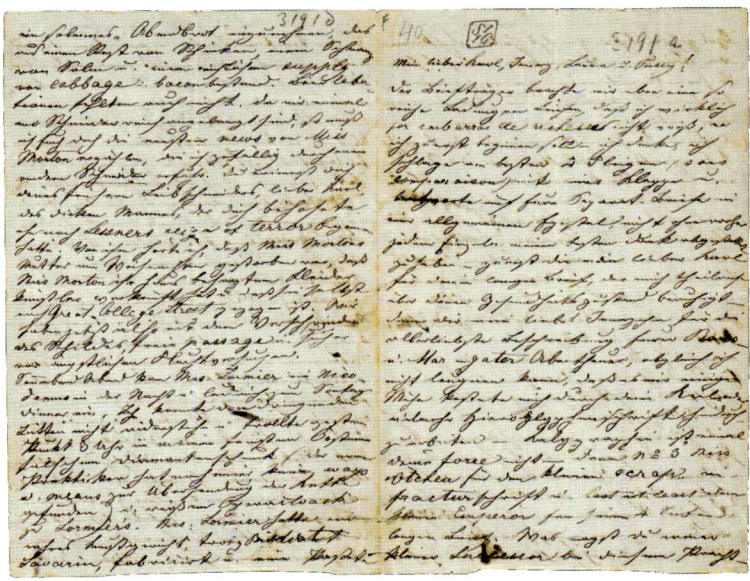

229-1

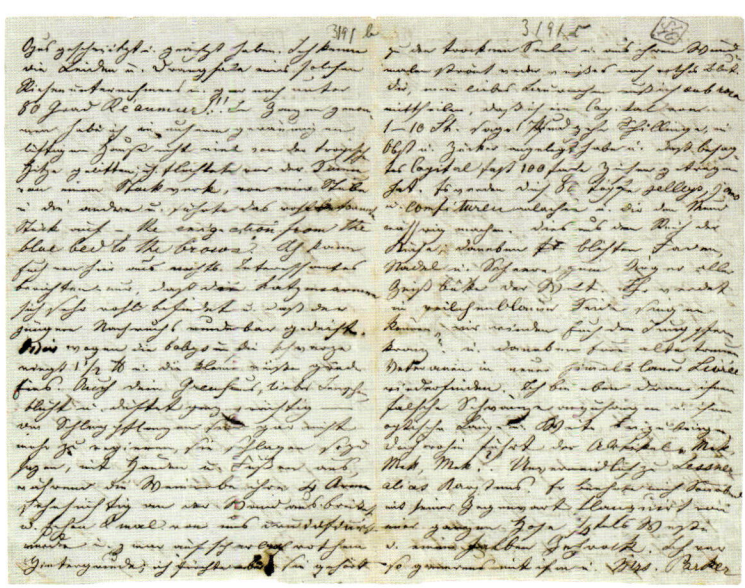

229-2

马克思的壮丽人生——真理的力量：纪念马克思诞辰 200 周年主题展览

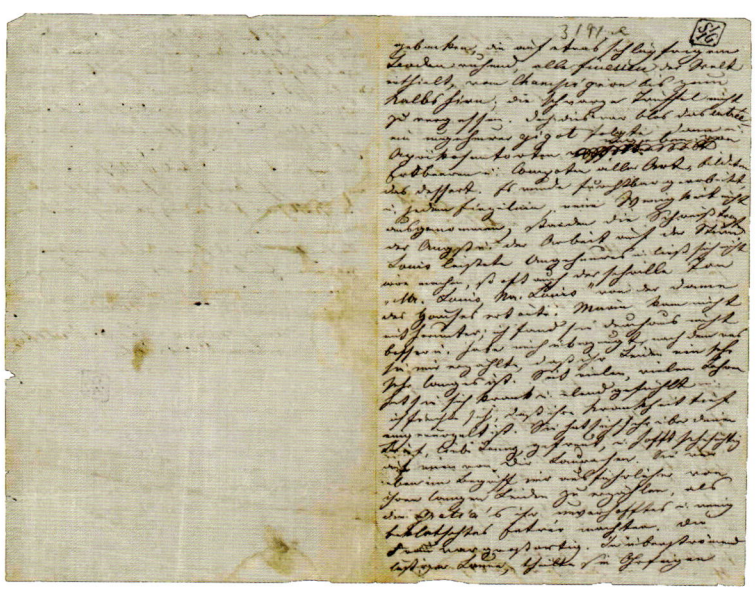

229-3

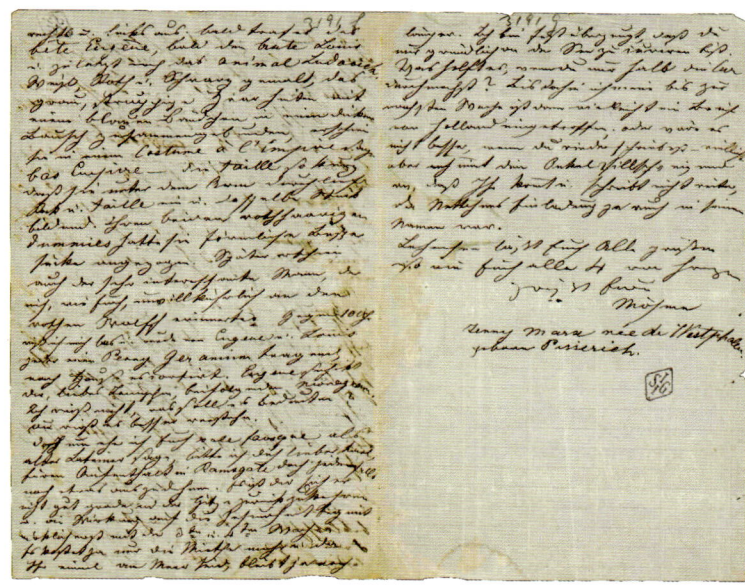

229-4

230.《关于马克萨斯的注释》是马克思为在《资本论》第 1 卷中同马尔萨斯展开论战而于 1866 年春夏写下的。在 1866—1867 年准备《资本论》第 1 卷付排稿的过程中,马克思最后决定不再为该卷撰写一个集中批判马尔萨斯的注释,但他在多处脚注中使用了这篇关于马尔萨斯的注释的草稿中的内容。(荷兰阿姆斯特丹国际社会历史研究所收藏)

231. 马克思 1868 年 11 月 2 日致信科勒特·多布森·科勒特，谈及俄国可以提取政府贷款，利用货币市场波动将英格兰银行挤破产。（私人收藏）

232. 马克思 1858 年 11 月 13 日致信科勒特·多布森·科勒特，继续论述俄国可以提取政府贷款，利用货币市场波动将英格兰银行挤破产。（私人收藏）

233. 马克思1868年11月19日致信科勒特·多布森·科勒特，继续论述俄国可以提取政府贷款，利用货币市场波动将英格兰银行挤破产。（私人收藏）

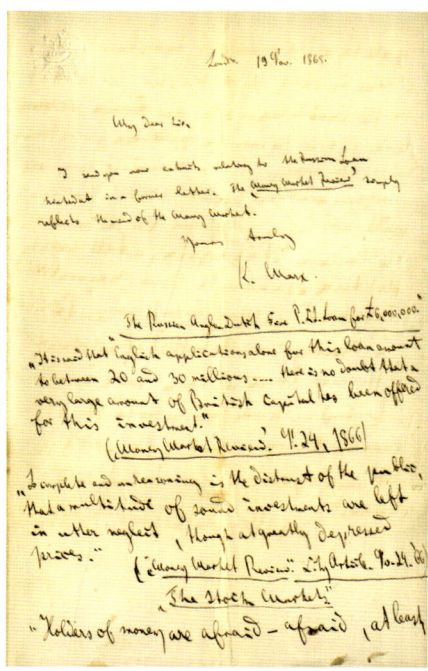

234. 马克思 1868 年 12 月 30 日致信科勒特·多布森·科勒特，讲到一份涉及沙皇称号的文件，以及论述俄国的文章。（私人收藏）

> London 30 Decemb. 1868.
>
> My dear Sir,
>
> I enclose the paper on "the titles given to the Tsars of Muscovy" which I have at last found. The pith of the paper is this, that the Tsars were only named "Emperors" in the sense in which the princes of Morocco and Fez and other Non-European Princes were styled so. But Peter I claimed the title of Emperor in the sense in which it was given to the German Emperors.
>
> During the course of this year a great many books and pamphlets have been published in Russia (in Russian language, of course) on the progress of Russia in Central Asia. Mr. Borkheim has a collection of those prints. I have prevailed upon him to put together the facts, quoting at the same time the Russian sources. As soon as he has done with his extracts, I shall send them to you for use in the Diplom. Review.
>
> You would much oblige me by lending me the numbers of the Diplomatic Review referring to the Candia Affairs, and principally the number containing Extracts from the pamphlet of a Garibaldean volunteer. My own numbers I have sent to a friend in Germany.

马克思还在信中提到恩格斯写于 1858 年 10 月 25 日、随后发表于报纸《纽约每日论坛》的文章《俄国在远东的成功》，将该文提供给齐格蒙特·波克海姆（Sigismund Borkheim）写评述，并许诺科勒特，将评述供《外交评论》发表，并向科勒特索要一些出版物。

235. 马克思1872年2月9日致信拉沙特尔出版社，论及出版《资本论》法文版的合同以及法文版译者。（中央党史和文献研究院图书馆收藏）

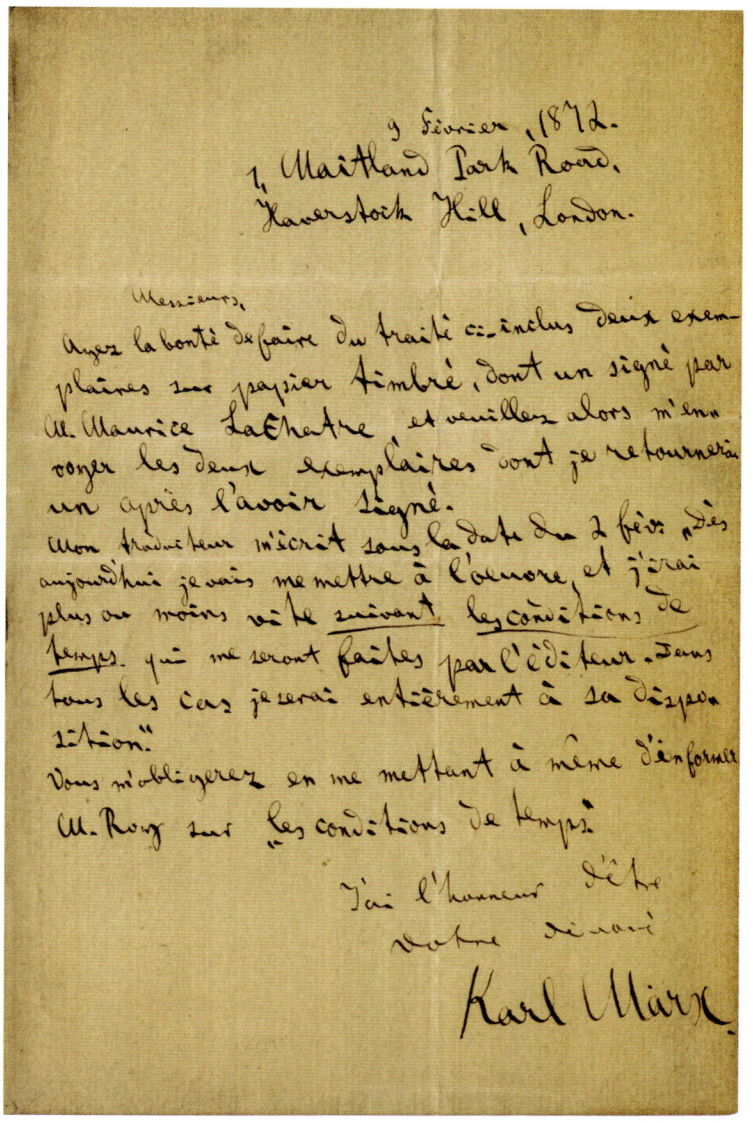

236. 马克思1872年2月至3月间致信《资本论》法文版译者约瑟夫·鲁瓦,提及翻译以及与出版商打交道事宜。(私人收藏)

237. 恩格斯 1872 年 6 月 26 日致信赛拉叶，请求对方公布 1872 年第一国际总委员会召开的海牙国际代表大会决议。（私人收藏）

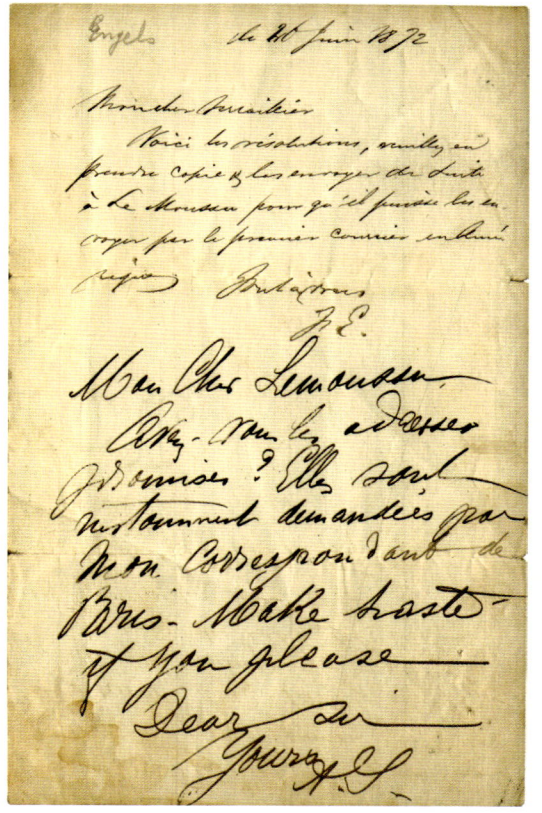
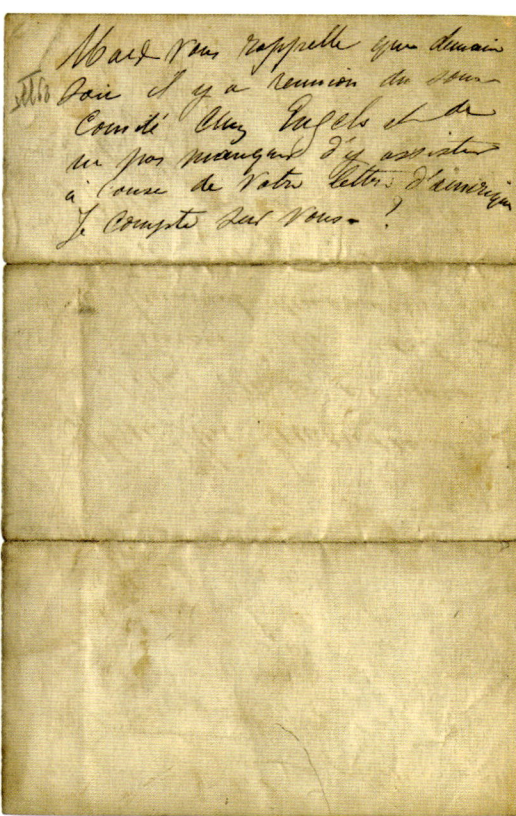

238. 恩格斯 1872 年 9 月 25 日致信本杰明·勒穆修，论及公布 1872 年 9 月 2 日至 7 日在海牙召开的国际工人协会代表大会所作决议事宜。（中央党史和文献研究院图书馆收藏）

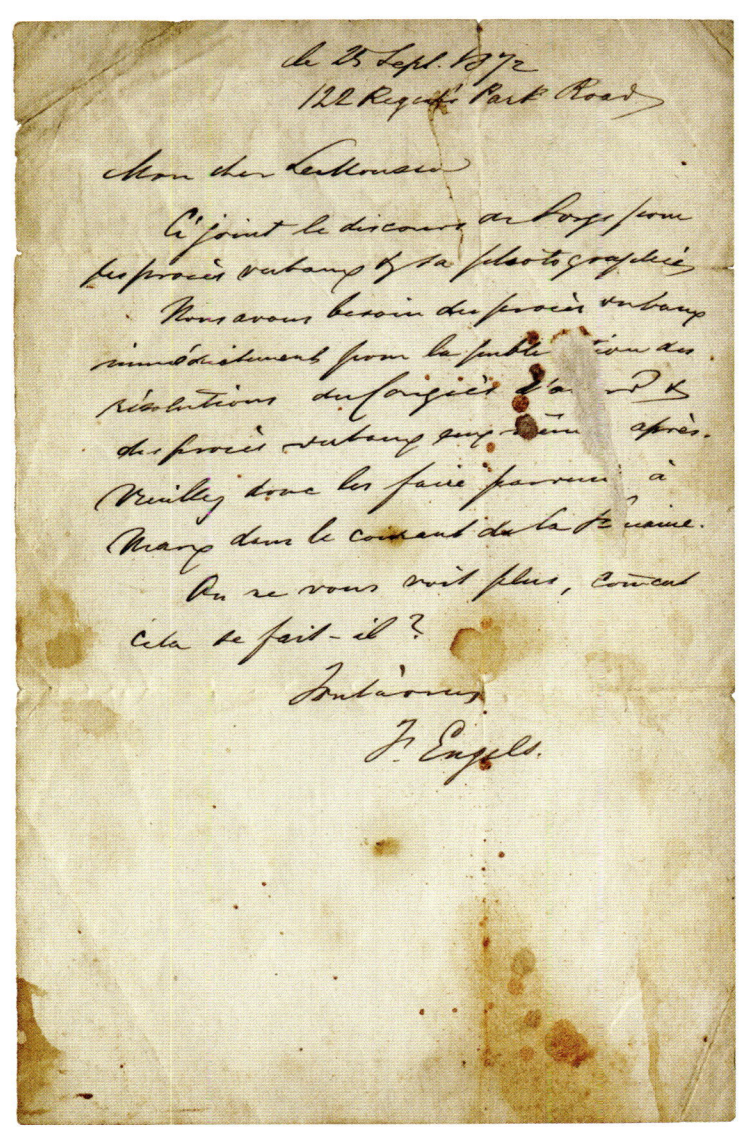

1872 年 9 月 2 日至 7 日，国际工人协会代表大会在海牙召开。恩格斯同马克思一道，作为总委员会委员参加并领导了代表大会。首先，代表大会围绕总委员会的权力问题同巴枯宁主义者展开了斗争，将巴枯宁等分子开除出国际。

239. 马克思和燕妮1876年10月16日致信友人托马斯·奥尔索普，因奥尔索普妻子亡故而向他表示慰问。（中央党史和文献研究院图书馆收藏）

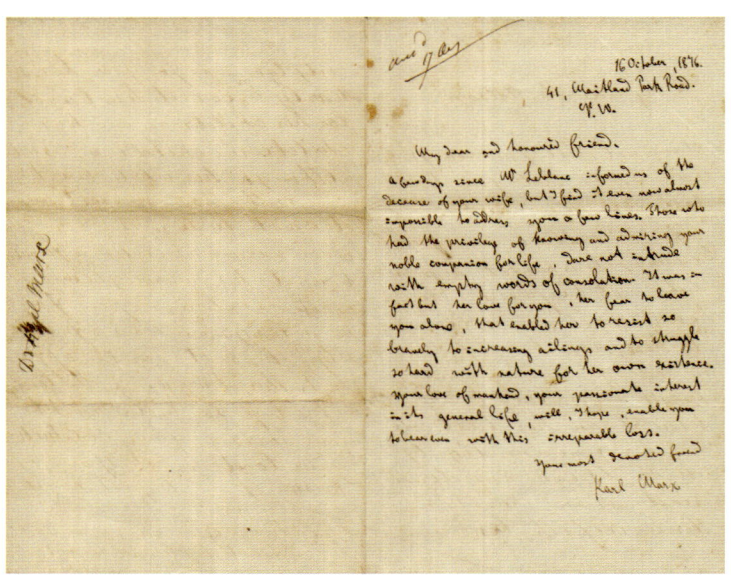

托马斯·奥尔索普（1795—1880）是英国交易所经纪人、政论家、民主主义者，意大利革命者朱泽培·马志尼、英国自由思想家查理·布拉德洛与安妮·贝赞特的朋友，曾同马克思恩格斯一道援助流亡者。

240. 马克思1878年6月25日致信科勒特·多布森·科勒特,借阅《自由新闻》(或《外交评论》)上抨击布赫尔的一篇文章。(中央党史和文献研究院图书馆收藏)

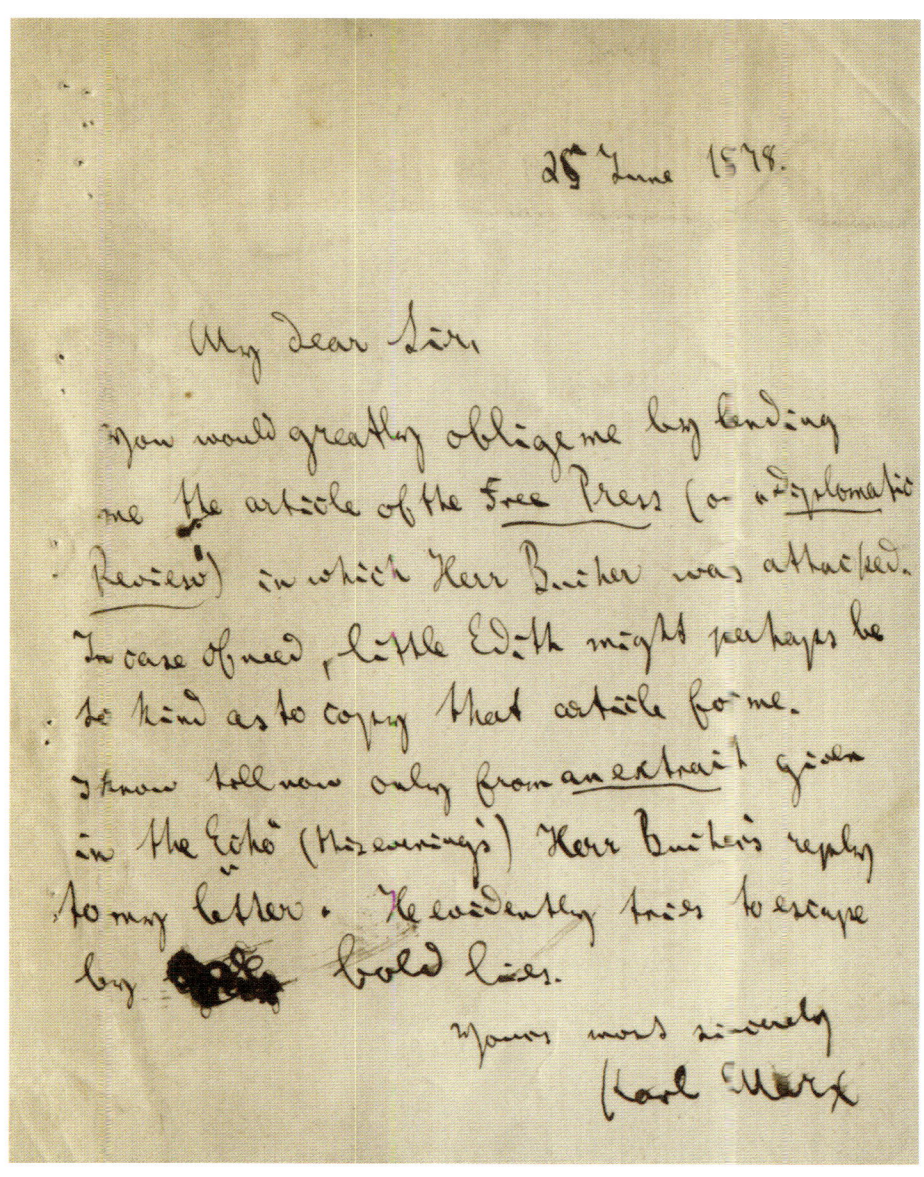

241. 马克思1882年2月10日致信科勒特·多布森·科勒特，关注英俄引渡条例，因为欧洲大陆各国政府可以依照引渡条例，继续迫害大量流亡英国的左翼人士。（中央党史和文献研究院图书馆收藏）

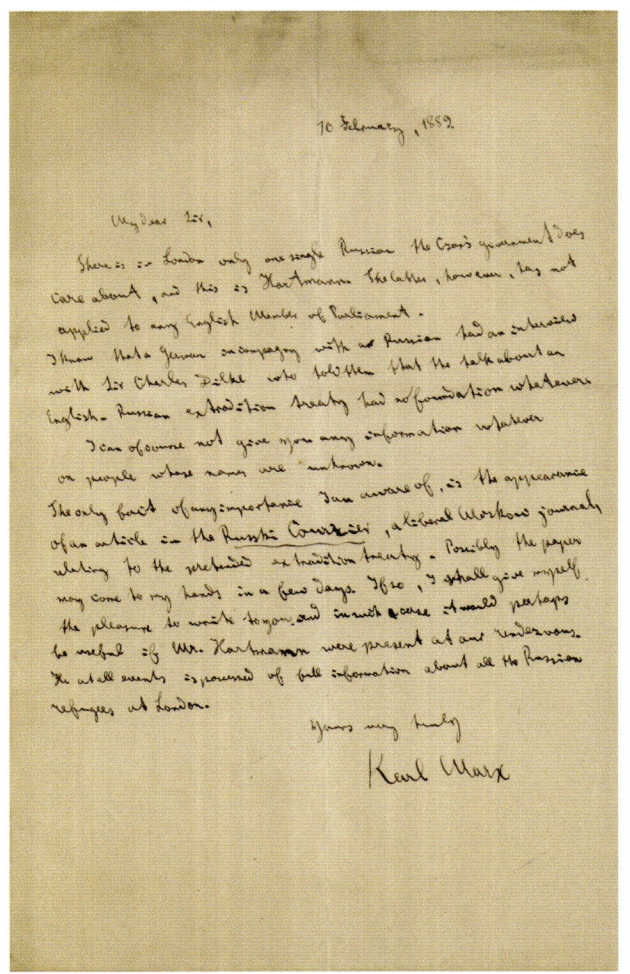

当时，有大量的欧洲大陆左翼人士流亡英国，而欧洲大陆各国政府可以依照引渡条例，继续迫害在英国的流亡者。英俄引渡条例无疑可以为欧洲大陆各国同英国签订引渡条例提供例证，因而引起了在英国的流亡者的广泛关注。

242. 恩格斯 1892 年 11 月 2 日写明信片给卡尔·希尔施，表示向他寄去所需之物。（中央党史和文献研究院图书馆收藏）

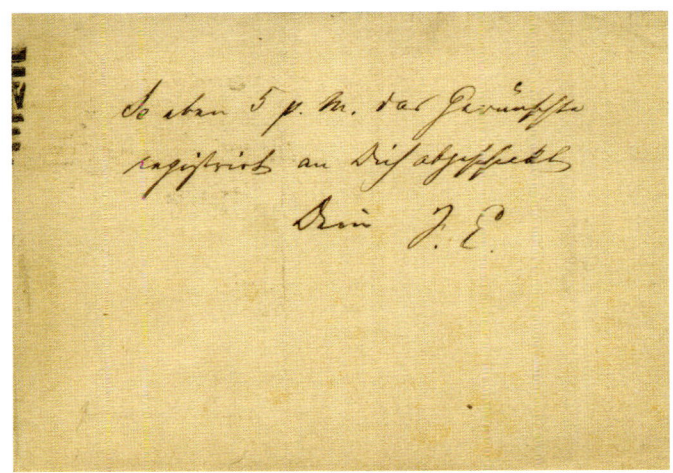

卡尔·希尔施（1841—1900）为德国记者、报刊通讯员、爱森纳赫派创始人之一、德国工人联合会成员，于 1868 年在马克思恩格斯的影响下脱离德国工人联合会，接近国际工人协会。他于 1869 年 3 月发表的《德国工人政党的组织》一文为社会民主工党的建立起到了促进作用。1870—1871 年间，他主持社会民主工党机关报《人民国家》。1883 年，马克思逝世时，希尔施在《富森报》（vossischen Zeitung）上发表了悼文。恩格斯逝世时，他也在《莱茵报》上发表了悼文。

关于这封明信片中恩格斯提到的"所需之物"为何，尚未查考到。

243. 恩格斯 1894 年 12 月 4 日致信约翰尼斯·萨森巴赫，解释自己因编辑《资本论》而无暇分身的情况。（中央党史和文献研究院图书馆收藏）

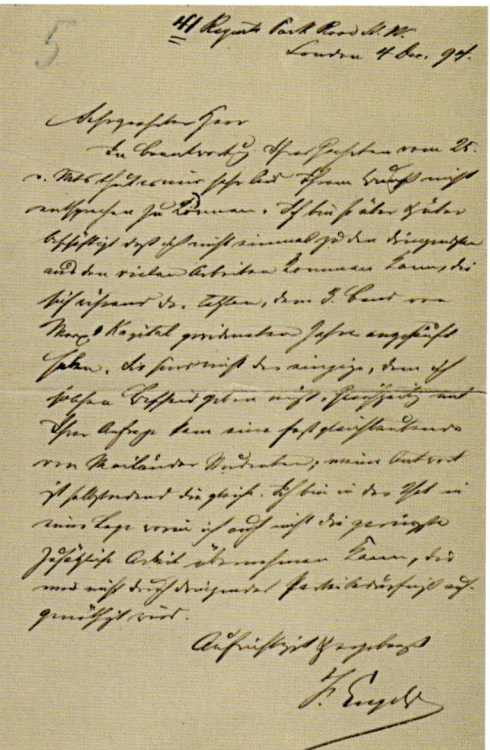

马克思逝世后，恩格斯将编辑和出版《资本论》第 2 卷和第 3 卷的工作当作自己义不容辞的责任，并为此投入了大量时间和精力。这一封书信是恩格斯这一时期为编辑《资本论》而工作繁忙到无暇他顾的一个明证。

收信人约翰尼斯·萨森巴赫（Johannes Sassenbach）系柏林月刊《社会主义科学家》的发行人，曾向恩格斯约稿。

244. 列宁 1917 年 1 月 16 日在苏黎世致信戈·伯杰，提到自己与美契斯拉夫·亨利霍维奇·勃朗斯基的会面。（中央党史和文献研究院图书馆收藏）

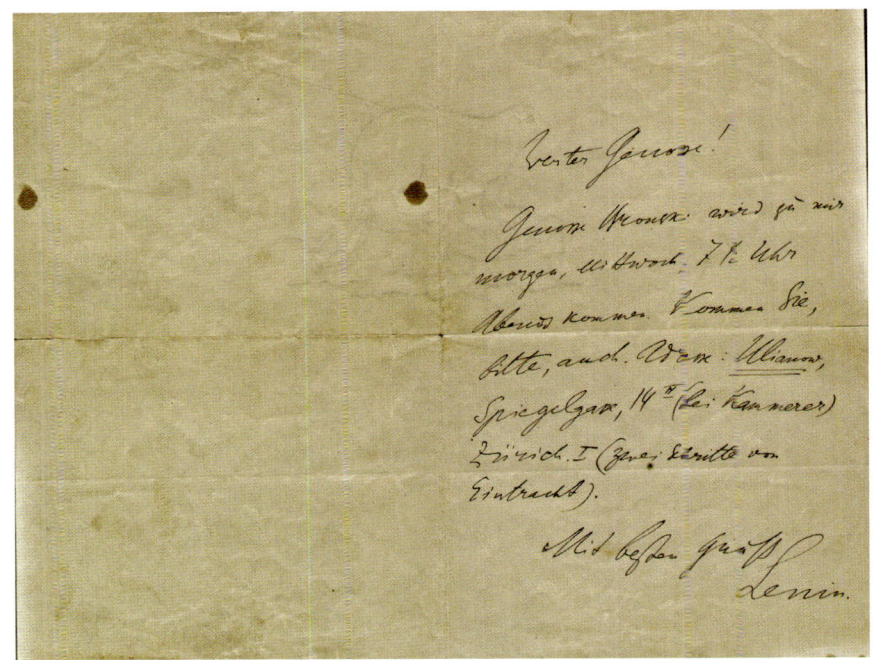

列宁为了便于进行革命活动，从奥地利移居到中立国瑞士。这封信件反映了列宁侨居瑞士期间同社会民主党人和瑞士无产阶级革命者的联系与活动。他除了领导俄国布尔什维克同俄国沙文主义者作斗争，还组织并指导各国出现的一些左派社会民主党人和左派团体反对机会主义的斗争。

245. 列宁1918年10月21日致信尼古拉·彼得洛维奇·哥尔布诺夫，要求从速为科学技术局提出关于无线电实验室问题的结论性意见。（中央党史和文献研究院图书馆收藏）

 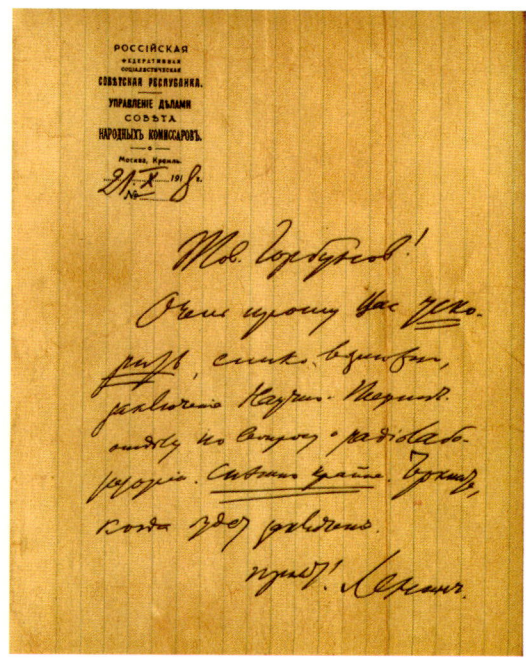

1918年8月，在列宁的提议下，科学技术局成立，哥尔布诺夫于1918—1919年任局长。这封信中谈到的无线电实验室问题，是列宁支持成立的两个苏维埃科学技术研究机构的方案之一。

列宁非常重视发展无线电，于1921年1月27日签署了关于无线电话建设的命令，并向俄共（布）中央政治局建议从黄金储备中补充拨款给无线电实验室，以便使无线电实验室尽快生产扩音器和收音机。

第二部分

马克思、恩格斯著作在中国的传播

中国共产党为了用科学理论武装全党,历来十分重视马克思主义经典著作的编译出版工作。在各个时期,组织力量推进这项意义重大而又极为艰巨的工作,将马克思、恩格斯的理论著作几乎都译成了中文,为马克思主义中国化的创新发展奠定了坚实的文本基础,为推进中国革命、建设、改革取得伟大胜利提供了强大的思想武器。

246. 《万国公报》
247. 1899年，上海广学会创办的《万国公报》第121、124期刊载李提摩太的《大同学》一文首次将马克思的名字译成中文。
248. 1903年翻译出版的《近世社会主义》是第一本较系统地介绍马克思主义的中文著作。

246 247

248

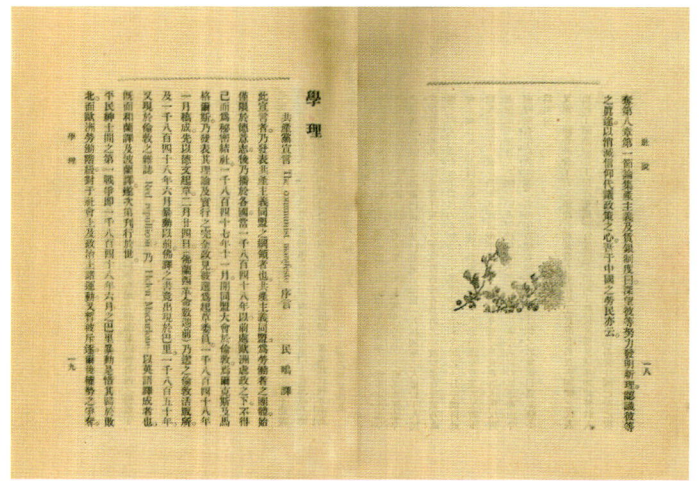

249

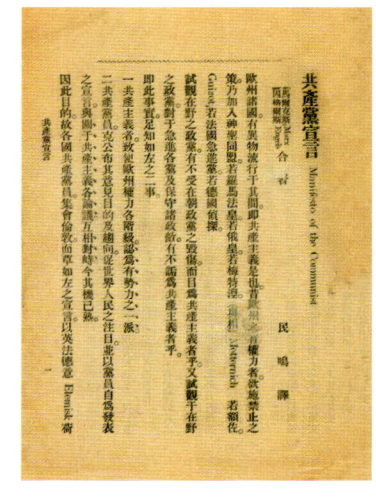

250

251

249. 1908年初，《天义》刊出的《共产党宣言》序言
250. 1908年春，《天义》刊出的《共产党宣言》第1章
251. 刘师培创办的《天义》杂志第15卷

252. 1907年,《近世界六十名人》刊载的马克思肖像
253. 1912年,《新世界》连载的恩格斯著作《理想社会主义与实行社会主义》(《社会主义从空想到科学的发展》)的部分内容

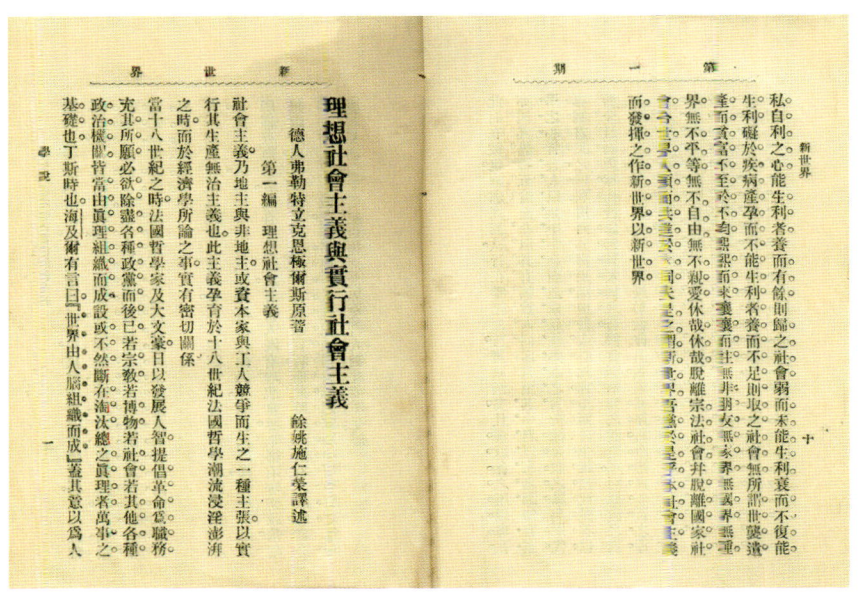

254. 成舍我摘译的《共产党宣言》发表在《每周评论》上
255. 五四期间，传播马克思主义的刊物

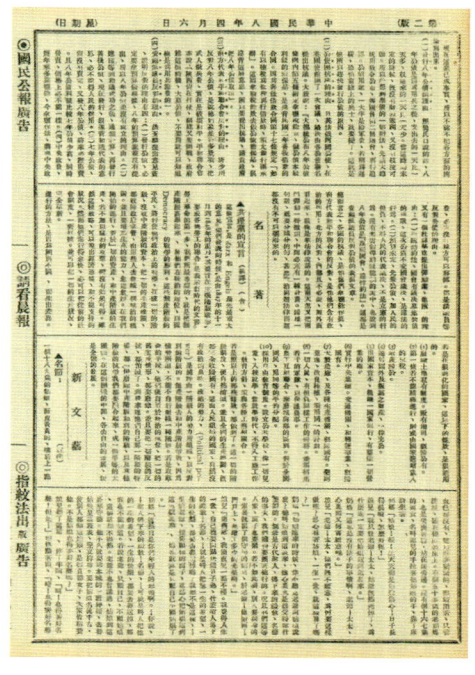

254

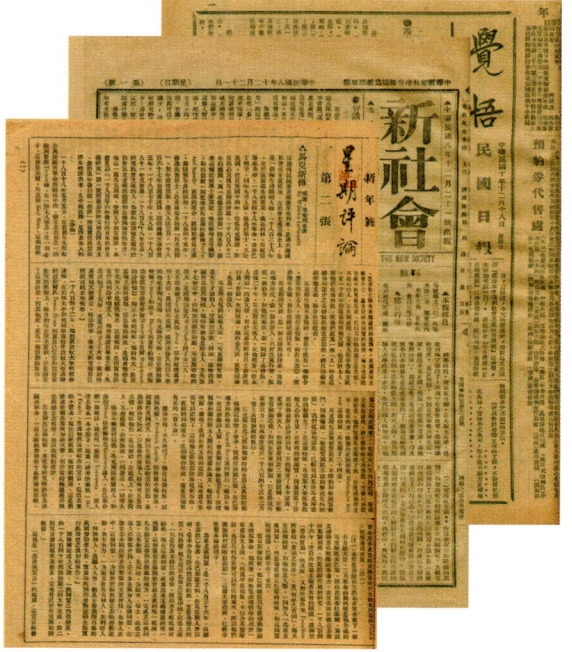

255

256. 《共产党宣言》《阶级争斗》《社会主义史》，毛泽东曾回忆说："有三本书特别深刻地铭记在我的心中，建立起我对马克思主义的信仰。我接受马克思主义，认为它是对历史的正确解释以后，就一直没有动摇过。"这三本书是：陈望道译的《共产党宣言》 考茨基著的《阶级争斗》，以及柯卡普著的《社会主义史》。
257. 1919年杨匏安的《马克斯主义》发表在《广东中华新报》

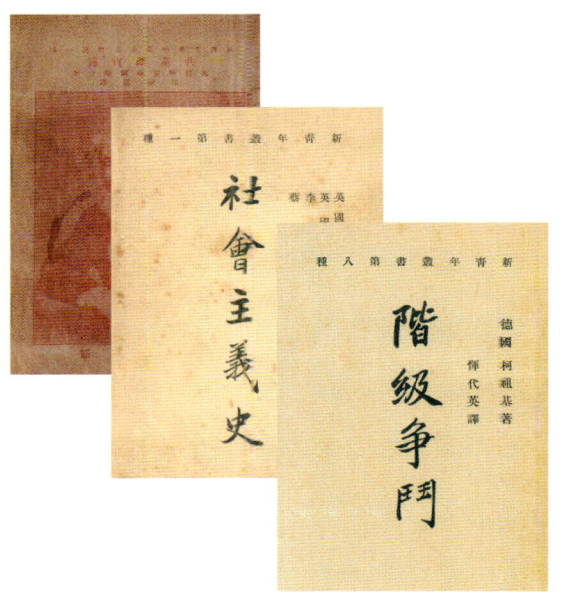

256

257

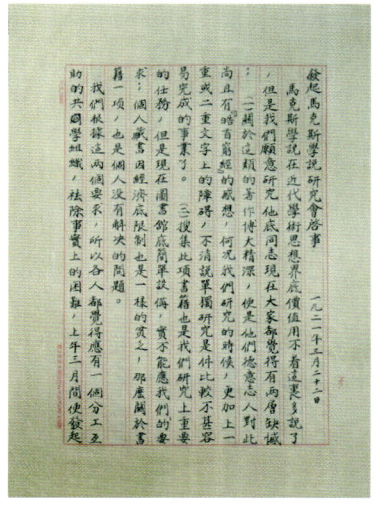
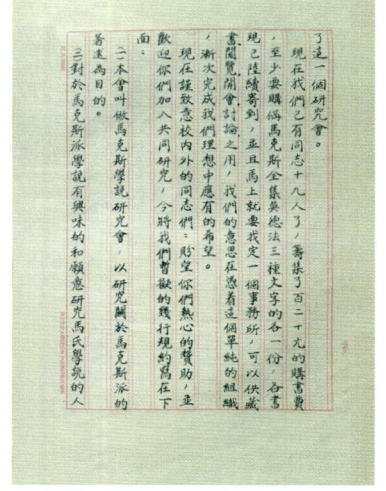
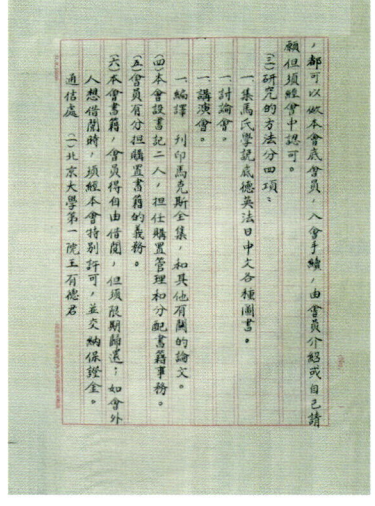
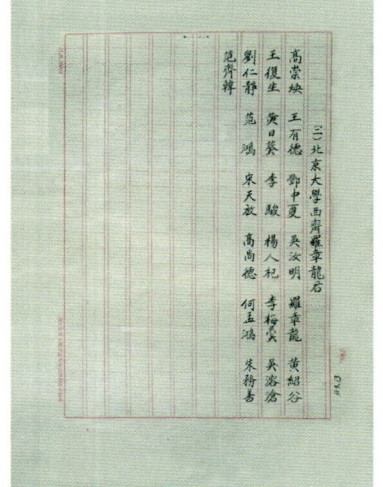

258.《发起马克斯学说研究会启事》（手抄件）

马克思、恩格斯著作在中国的传播

259. 邓小平在法期间参与编印的《赤光》
260. 瞿秋白翻译的《国际歌》，刊载在《新青年》上

259

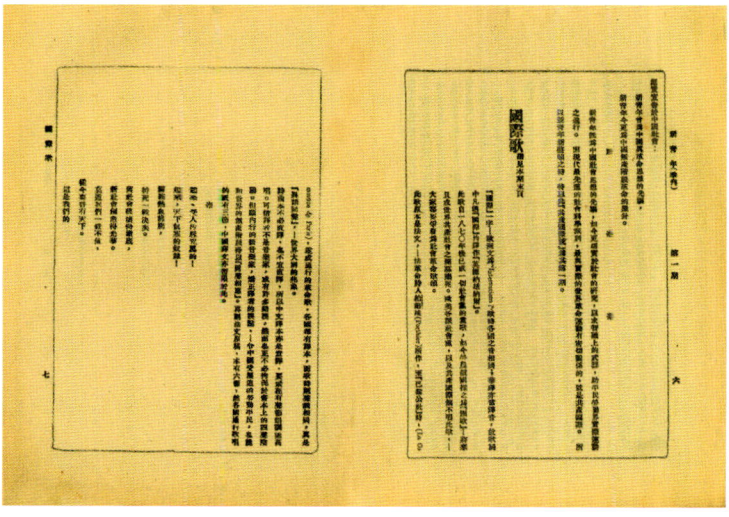

260

261

261. 1922年5月,中国劳动书记部在上海发起组织纪念马克思诞辰104周年纪念大会,分发了中国第一本《马克思纪念册》
262. 中国共产党成立后,人民出版社出版的部分马克思主义文献

 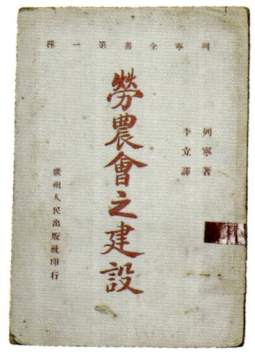 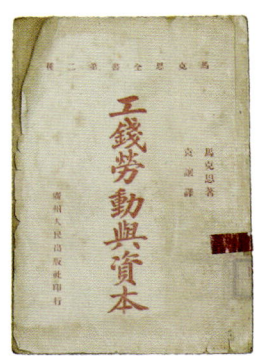 

262

263. 1925年1月上海书店印制的"各时代社会经济结构原素表",体现了中国共产党人对社会发展规律的认识。
264. 上海书店出版的《马克思主义浅说》与《唯物史观浅释》

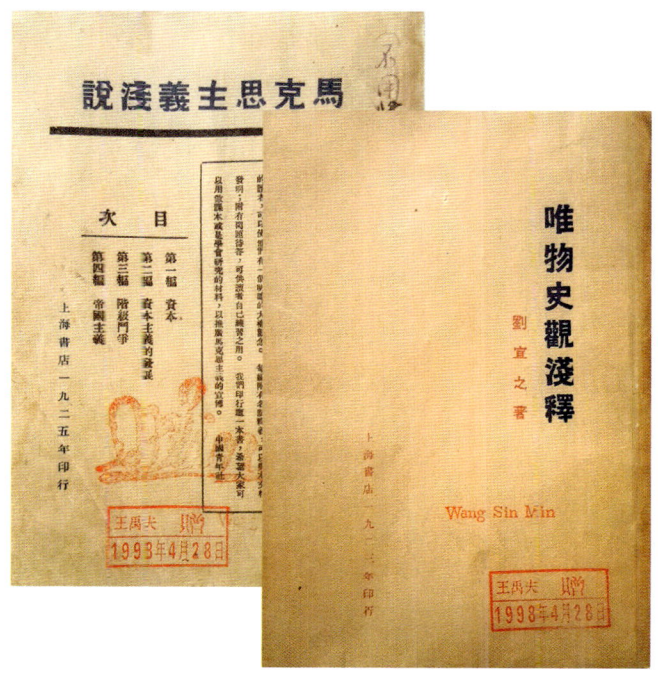

265. 1929年上海书店被查封后,中国共产党秘密创办了华兴书局。华兴书局和其他一些进步出版发行机构克服困难,翻译出版了许多马列主义经典著作和进步书刊。此为1930年出版的上海华兴书局书目。

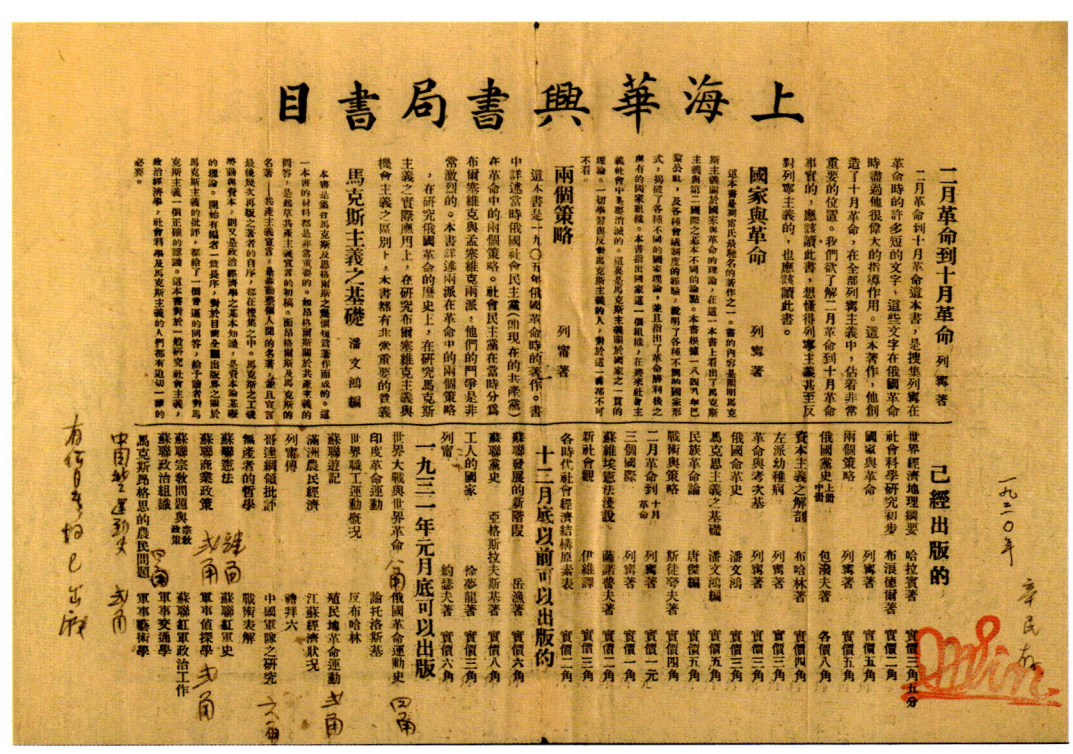

马克思、恩格斯著作在中国的**传播**

266. 抗日战争时期，延安马列学院编译的"马克思恩格斯丛书"（部分）

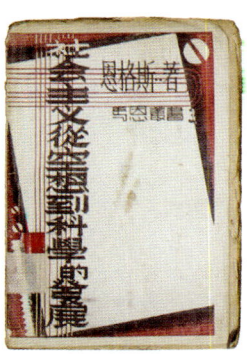

267. 抗日战争时期，生活书店出版的"世界名著译丛"
268. 抗日战争时期，生活书店出版的"世界学术名著译丛"

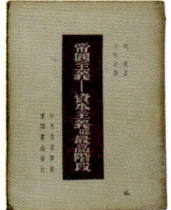

267

268

269. 抗日战争时期，苏联用中文出版的马克思主义文献
270. 抗日战争时期，用马兰草纸出版的马克思主义文献

269

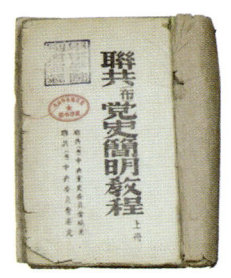

270

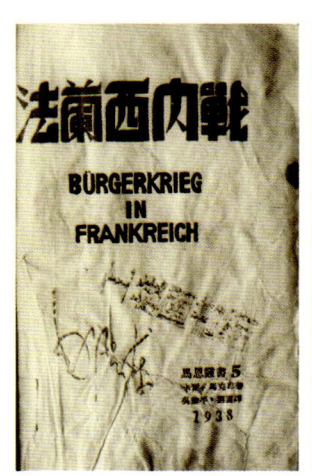

271. 毛泽东、周恩来签名的马克思、恩格斯著作
272. 抗日战争时期出版的马克思主义文艺相关著作

271

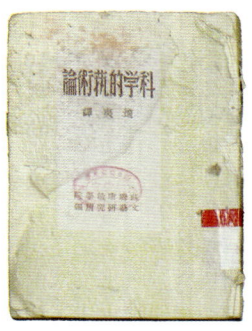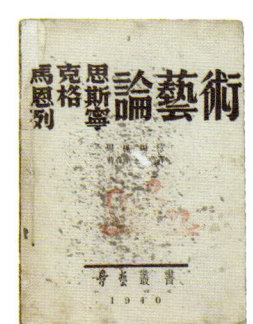

272

马克思、恩格斯著作在中国的传播

273. 解放出版社的"干部必读"丛书

274.《马克思恩格斯全集》中文第 1 版

275. 20世纪70年代上版的《反杜林论》(选读)、《共产党宣言》、《法兰西内战》(选读)等

276. 《马克思恩格斯选集》1872年第1版(四卷本)

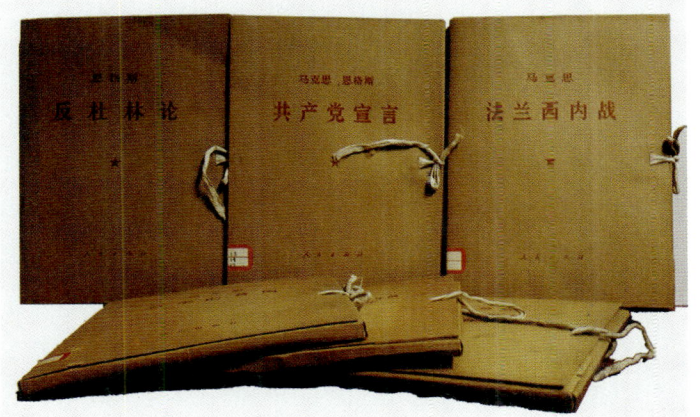

275

276

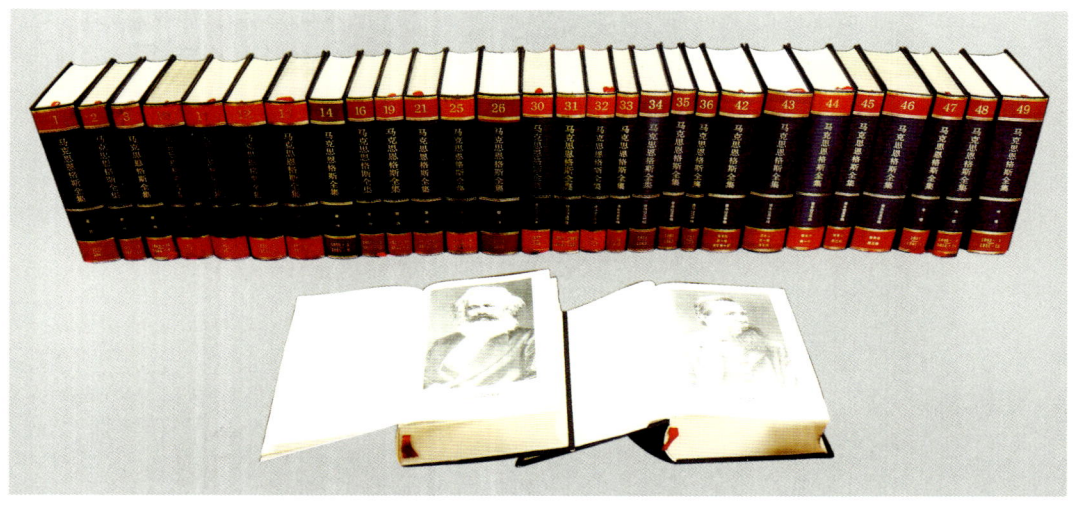

277. 1986年5月，中共中央同意《关于重新编译出版马恩全集中文版的请示》。同年7月，编译工作正式开始。从1995年首批卷册出版，至2018年5月，共出版28卷。

278.《马克思恩格斯文集》

279.《马克思恩格斯选集》2012 年第 3 版(四卷本)

马克思、恩格斯著作在中国的传播

280. 为纪念马克思诞辰 200 周年，编辑出版的《纪念马克思诞辰 200 周年 马克思恩格斯著作特辑》（15 本）和《共产党宣言》《资本论》《马克思画传》（马克思诞辰 200 周年纪念版）

281.《共产党宣言》珍贵版本

马克思、恩格斯著作在中国的传播

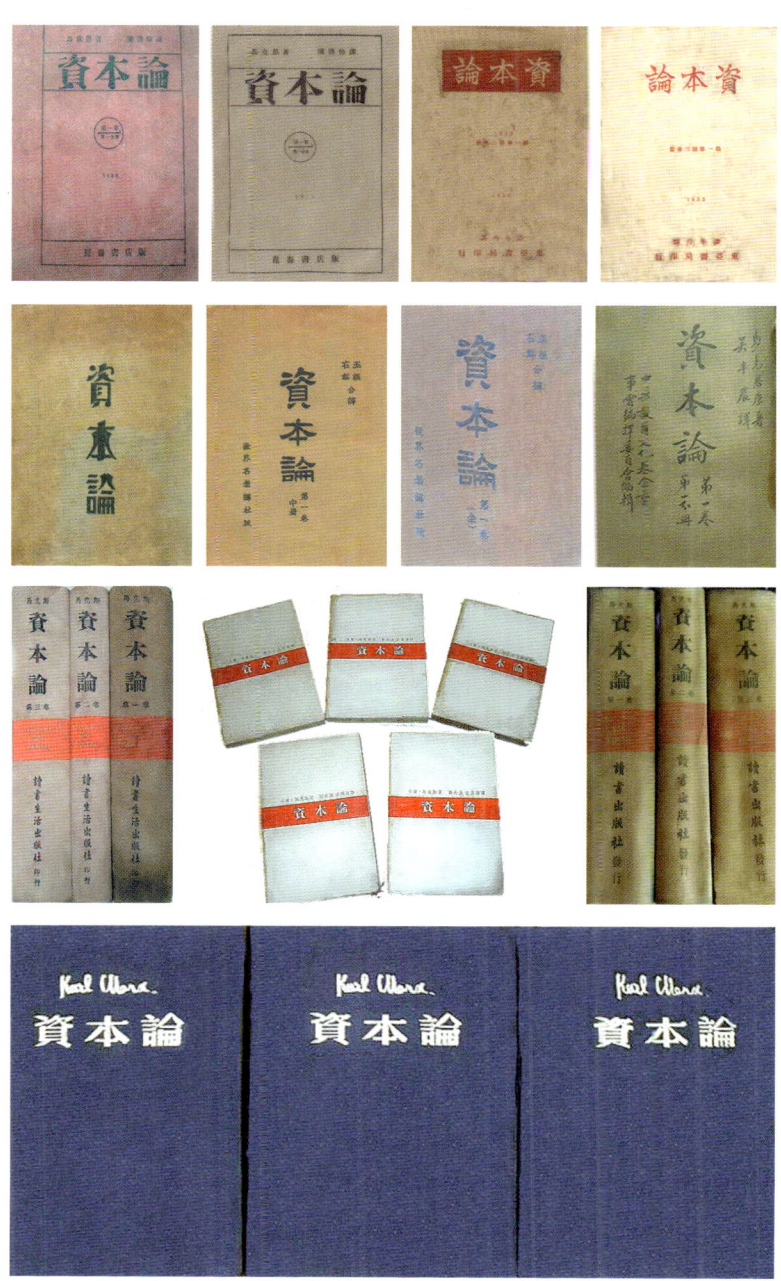

282.《资本论》珍贵版本

马克思的壮丽人生——真理的力量：纪念马克思诞辰 200 周年主题展览

283. 1949 年以来的《资本论》中文版

第三部分
新创作马克思主义题材美术作品

进入新时代，中国特色社会主义焕发出强大生机活力。新时代属于每一个人，每一个人都是新时代的见证者、开创者、建设者。中国美术界同仁选取马克思生平和马克思主义中国化经典片段，最新创作了一批马克思主义题材中国画和油画作品，热情讴歌了伟大革命导师马克思的壮丽人生，艺术再现了马克思主义诞生和传播的光辉历程。我们期待，观众在鉴赏这些绘画作品的过程中，感悟和把握马克思主义真理力量。

新创作马克思主义题材美术作品

马克思童年时代的特里尔城（中国画） 于文江

马克思的壮丽人生——真理的力量：纪念马克思诞辰 200 周年主题展览

中学时代（中国画） 金瑞

新创作马克思主义题材美术作品

终生伴侣（油画） 王嫩

马克思的壮丽人生——真理的力量:纪念马克思诞辰 200 周年主题展览

革命的一家人(油画) 孙景波

新创作马克思主义题材美术作品

伟大友谊（油画） 李晓林

创立共产主义通讯委员会（油画） 马刚

马克思的壮丽人生——真理的力量：纪念马克思诞辰200周年主题展览

写作《共产党宣言》（中国画） 苗再新

新创作马克思主义题材美术作品

马克思的壮丽人生——真理的力量:纪念马克思诞辰 200 周年主题展览

在伦敦德意志工人教育协会作报告(中国画) 黄骏

新创作马克思主义题材美术作品

马克思的壮丽人生——真理的力量:纪念马克思诞辰 200 周年主题展览

参观第一届世界博览会(参观第一届伦敦万国工业博览会)(油画) 井士剑

新创作马克思主义题材美术作品

为《纽约每日论坛报》撰稿（油画） 宋克

马克思的壮丽人生——真理的力量：纪念马克思诞辰 200 周年主题展览

马克思在英国博物馆（油画） 俞晓夫

新创作马克思主义题材美术作品

潜心写作《资本论》（油画） 孙立新

马克思的壮丽人生——真理的力量：纪念马克思诞辰 200 周年主题展览

将《资本论》赠给达尔文（油画） 秦文清

新创作马克思主义题材美术作品

马克思的壮丽人生——真理的力量：纪念马克思诞辰 200 周年主题展览

《资本论》在工人阶级中传播（中国画） 吴宪生

新创作马克思主义题材美术作品

马克思的壮丽人生——真理的力量：纪念马克思诞辰 200 周年主题展览

在国际工人协会（第一国际）成立大会上（中国画） 冯远

新创作马克思主义题材美术作品

满腔热情支持巴黎公社（油画） 骆根兴

在国际工人协会海牙代表大会上(油画) 王铁牛

新创作马克思主义题材美术作品

支持恩格斯撰写《反杜林论》（油画） 丁一林

马克思的壮丽人生——真理的力量：纪念马克思诞辰 200 周年主题展览

晚年关注俄国和东方经济落后国家的发展道路（中国画） 刘健

新创作马克思主义题材美术作品

马克思遥望东方（油画） 郑艺

马克思的壮丽人生——真理的力量：纪念马克思诞辰200周年主题展览

陈望道翻译《共产党宣言》（油画） 张峻明

新创作马克思主义题材美术作品

窑洞中的灯光（油画） 邵亚川

马克思的壮丽人生——真理的力量:纪念马克思诞辰200周年主题展览

延安时期学习马克思主义蔚然成风(中国画) 王珂

结束语

　　马克思主义自创立以来，在世界范围内得到广泛传播，为人类进步事业贡献了丰厚的思想资源，指明了前进的方向，已经证明并将日益彰显其强大的实践指导力、深邃的理论穿透力、巨大的精神感召力。近百年来，在马克思主义指引下，中国共产党带领全国各族人民战胜各种艰难险阻，取得了中国革命、建设、改革的伟大胜利。站在新时代的历史起点上，让我们紧密团结在以习近平同志为核心的党中央周围，始终保持与时俱进的马克思主义理论品格，让二十一世纪中国的马克思主义展现出更强大、更有说服力的真理力量！

编者后记

  1818年5月5日，马克思出生于德国特里尔市。2018年是马克思诞辰200周年，为纪念人类历史上最伟大的思想家，展示我们坚持马克思主义理论的坚定信念，中共中央宣传部、中共中央党史和文献研究院、中国文学艺术界联合会共同主办本次展览。

  展览共展出马克思、恩格斯、列宁手稿，笔记本及亲笔签名的原版书籍等珍贵文献百余件；原版图书近千种；图片百多幅；马克思主义题材美术作品七十余件。为了让更多读者了解马克思的丰富人生，更好地宣传马克思主义，大力推进马克思主义宣传普及工作，我们将展览的内容进行了重新整理，并编辑成册出版。

  在此，我们谨向展览筹备和展出过程中，给予关心和支持的领导、专家们以及社会各界人士表示诚挚的感谢。

  参与本书编辑工作的人员有：张远航、鲁路、柳宁、冯瑾、石佳、许萌、乔茂林、鲍传健、曹子悦、云巳茹等。